小城镇绿色发展与传统村落可持续改造

王荣海 林 琢 丁一凡 / 编著

中国建筑工业出版社

图书在版编目（CIP）数据

小城镇绿色发展与传统村落可持续改造 / 王荣海，林琢，丁一凡编著. — 北京：中国建筑工业出版社，2022.6

ISBN 978-7-112-21737-3

Ⅰ.①小… Ⅱ.①王…②林…③丁… Ⅲ.①小城镇—城市发展—中国—文集②村落—可持续性发展—中国—文集 Ⅳ.①F299.21-53②K928.5-53

中国版本图书馆CIP数据核字（2017）第325805号

本书通过借鉴国内外先进的研究理论，从文化景观概念和演变过程等方面入手，总结小城镇绿色发展与传统村落文化景观的基本特征，分析现阶段的主要问题，在保证风貌完整性和历史文化延续性的前提下，对小城镇绿色发展与传统村落可持续发展的文化景观进行研究，以文化的视角剖析自然与人类和谐共存，总结小城镇绿色发展与传统村落在保护中保持和延续乡土文化特色的发展思路。本书适用于城乡规划学、建筑学、风景园林学等相关专业的从业者和在校师生，以及从事小城镇绿色发展与传统村落保护与发展相关的工作人员阅读参考。

责任编辑：胡永旭　唐　旭　张　华
文字编辑：李东禧
书籍设计：锋尚设计
责任校对：芦欣甜

小城镇绿色发展与传统村落可持续改造
王荣海　林　琢　丁一凡　编著

*

中国建筑工业出版社出版、发行（北京海淀三里河路9号）
各地新华书店、建筑书店经销
北京锋尚制版有限公司制版
北京建筑工业印刷厂印刷

*

开本：880毫米×1230毫米　1/16　印张：9½　字数：187千字
2022年6月第一版　2022年6月第一次印刷
定价：**48.00**元
ISBN 978-7-112-21737-3
（31592）

版权所有　翻印必究
如有印装质量问题，可寄本社图书出版中心退换
（邮政编码100037）

前 言

2012年，在住房和城乡建设部、文化部等多部门领导支持下开始了中国传统村落的调研工作，至2021年底，住房和城乡建设部陆续公布了五批具有重要保护价值的中国传统村落名单，涉及6819个村落，体现出了我国对传统村落保护的高度重视。同时，村落的保护已经成为我国建设文化自信的重要工作。

传统村落和传统民居是我国宝贵的物质文化与非物质文化遗产资源，但是许多具有不同建筑特色、村落布局和民俗风情的传统村落由于保护能力和保护力度的匮乏，传统村落保护工作仅限于完成部分传统村落的保护规划，大多数村落仍处于没有任何保护措施的消亡进行时状态。整体而言，村落现状的保护现状都是非常堪忧的。保护和发展传统村落不仅仅是修复历史建筑，还要保护好当地原汁原味的自然生态系统，做到让自然生态和人文精神相并存、历史记忆与未来憧憬相贯穿、传承文脉和时代文明相承接，实现经济发展和生态保护的双赢。

本书选取了小城镇绿色发展与传统村落可持续改造提升专题研讨会上的相关论文，通过借鉴国内外先进的研究理念，从文化景观概念和演变过程等方面入手，通过总结小城镇绿色发展与传统村落文化景观的基本特征，分析现阶段传统乡村中存在的主要问题，在保证风貌完整性和历史文化延续性的前提下，对小城镇绿色发展与传统村落持续发展的文化景观进行研究，以文化的视角剖析自然与人类和谐共存，总结小城镇绿色发展与传统村落在保护中保持和延续乡土文化特色的发展思路。从而为传统村落的保护工作和绿色发展提供一定参考。

目 录

前言

1 传统村落改造的价值、模式与发展出路
001

2 重庆市涪陵区大顺村传统村落保护调查
012

3 传统村落景观升级与改造的理念与方法
026

4 基于传承利用的传统村落公用设施改造提升研究
033

5 浅谈田园小镇与农业发展结合新方式——东方田园
044

6 乡村振兴视角下农村土地利用规划研究
056

7 浅谈暖通节能技术在传统村落中的应用
065

8 太阳能加天然气复合能源采暖系统在北方农村的适应性分析
072

9
建筑设计中绿色建筑
技术优化与对策研究

078

10
特色小镇和传统村落
光伏技术的应用

083

11
如何搞好小城镇
红色旅游文化建设

088

12
小城镇清洁供热规划的
发展模式分析

098

13
小城镇郊野公园
建设规划的注意点

107

14
浅谈小城镇和传统村落可持续
提升改造中给水排水工程的应用

115

15
浅析城镇装配式建筑的
重要性

123

16
乡村振兴视角下的
匡山景区创建规划设计研究

127

17
富顺县狮市古镇
历史保护调查

138

1 传统村落改造的价值、模式与发展出路

丁一凡[①] 赵 超[②]

摘要 　　传统村落是指村落形成较早，具有较为丰富的文化与自然资源，具有较高的历史、文化、科学、艺术、社会、经济价值，应予以保护的村落。传统村落保留了较大的历史沿革，即建筑环境、建筑风貌、村落选址未有大的变动，具有独特的民俗民风，虽经历年代久远，有的至今仍为人们服务的村落。本文介绍了传统村落保护性改造的价值，分析了传统村落保护性改造的必要性和难点，论述了传统村落改造的价值、模式与发展出路。

关键词 　　传统村落；改造；发展模式；建议

---

① 丁一凡：中国建筑设计研究院有限公司，副高级工程师。
② 赵超：江苏常地房地产资产评估勘测规划有限公司，总经理；邮编：213004；E-mail: cdgjs2003090@sina.com；地址：江苏省常州市太湖东路158号府翰苑3栋5楼。

1 引言

村落如同银河之中星光灿烂的星辰，点缀在大地之上，村庄的地理风貌好比大地的肌理，村落的人文风俗好比社会的基因。那些生生不息的传统村落，是人们休养生息、经济发展、国富民强的重要组成单元。

从概念来看，古村落或传统村落，是指村落形成较早，拥有较丰富的文化与自然资源，具有一定的历史、文化、科学、艺术、经济、社会价值，应予以保护的村落。传统村落中蕴藏着丰富的历史信息和文化景观，是农耕文明留下的重要遗产之一。

从特点来看，传统村落的精神遗产中，不仅包括各类"非物质文化遗产"，还有大量独特的历史记忆、宗族传衍、俚语方言、乡约乡规、生产方式、建筑文化等。它们作为一种独特的精神文化内涵，因村落的存在而存在，并使村落传统文化厚重鲜活，还是村落中各种"非遗"不能脱离的"生命土壤"。

随着社会经济和城镇化的发展与推进，目前列入《中国传统村落名录》的村庄越来越多，可见，传统村落保护问题的日益突出和紧迫。与此同时，人们周围自然村的消失情况也在恶化，这些消失的村落中有多少具有文化保护价值的传统村落无人知晓、令人惋惜。

2 传统村落保护性改造的价值

传统村落是在长期的农耕文明传承过程中逐步形成的，凝结着历史的记忆，反映着文明的进步。传统村落不仅具有历史文化传承等方面的功能，而且对于推进农业现代化进程、推进生态文明建设等具有重要价值。（1）传统村落是民族的宝贵遗产，也是不可再生的、潜在的旅游资源。传统村落体现着当地的传统文化、建筑艺术和村镇空间格局，反映着村落与周边自然环境的和谐关系。可以说，每一座蕴含传统文化的村落，都是活着的文化遗产，体现了一种人与自然和谐相处的文化精髓和空间记忆。一些村落在空间布局以及与自然环境的结合中往往构思巧妙，经历很长时期的传承，包含着人类与自然和谐相处的历史智慧。（2）传统村落是发展乡村旅游、创新农村农业发展道路的基础。从发达国家经验看，乡村旅游是旅游的重要内容，而发展乡村旅游就要保护好传统村落。根据我国近二十年的实践，无论是四川还是浙江、福建，凡是坚持保护传统村落、发展农家乐的农村，农民的收入增长都快于其他地区。以农家乐和乡村旅游来引领绿色农副产品的销售和产业升级，走出一条绿色的、可持续的农村农业发展新道路。这些致富新道路的开辟，必须基于传统村落，没有传统村落的保护利用，创新发展道路无从谈起。（3）传统村落是散布在世界各地的华侨和广大港澳台同胞的文化之根。我国传统村落的核心是宗族祠堂，传统村落往往成为连接家族血脉、传承族群文化的重要载体，是广大华侨、港澳台同胞寻根问祖的归属地。尽管他们远在千山万水之外，但总要回来找寻自己的根。由此可见，如果丧失了这些传统村落，会在很大程度上削弱中华民族的凝聚力。（4）传统村落是国土安全的重要屏障。近年来，我国一些边境省份在城镇化进程中忽视了传统村落在国土安全中的特殊作用，片面追求城镇化水平，对散落在边境线上的村落不愿投入，不切实际地寄希望于通过整体搬迁的方式使这些村落的居民快速脱贫。例如，有的沿海省份早期提出"小岛迁、大岛建"的主张，将小岛上的居民搬迁到大岛甚至是陆地上，使得一些原来长期有人居住的岛屿变成了无人岛。这种做法在领土和领海争端中无异于自废武功。因此，从历史的教训和国际经验看，传统村落特别是边境地区的传统村落对于国土安全具有重要意义。

从以上几点对传统村落功能的分析来看，传统村落保护极其重要、必要。

3 传统村落保护性改造的必要性、难处

3.1 保护的必要性

近年来，传统村落快速消亡。一些传统村落由于历史性老化、人口流失等导致建筑破败不堪、无法修复，加上各种原因导致的空心村现象，加速了传统村落的凋敝和损毁。一些传统村落由于外出打工的村民见识了城市宽敞明亮的高楼大厦和方便快捷的现代生活，于是急于改变居住条件，无序地新建与翻建住房，造成新建筑与历史建筑、乡土风貌极不协调，破坏了传统村落的古风古貌。此外，过度旅游开发导致盲目拆旧建新、拆真建假，一些公路、铁路项目对村落"开膛破肚"等，也破坏了传统村落。未来20年，我国的城镇化仍将保持快速发展的势头。在这样特殊的历史时期，抓紧了解传统村落的基本情况，加强传统村落保护，避免因错误的观念、短期的开发利益等各种原因破坏传统村落，使传统村落在传承历史文化、保障国土安全、振兴旅游业、促进农村地区可持续发展等方面发挥重要作用，无疑是一项十分重要的工作。

3.2 改造的难处

传统村落正面临的空心化、建设与开发不当、村民意愿与村落保护之间矛盾凸显等问题，是传统村落得不到应有保护、无法进行改造的关键因素。具体来说：（1）传统村落产生于传统的农业社会。我国传统农村是以宗族社会、儒家文化和小农经济为基础的。而今，整个社会结构和文化理念已完全改变，适应传统社会的传统民居、祠堂、书院等传统建筑以及道路、水系和现代社会的需求是存在错位的，这一点不容否认。（2）传统村落的构成主体民居，是在宗族社会条件下，适应聚族而居、四代同堂而产生的，祭祖和公共空间占了主要部分，生活起居处于次要地位。这一点和现代人对住宅要有私密空间、讲究生活起居、要有良好的采光通风等要求有很大差距。年轻一代不再愿意住老宅，是普遍现象。（3）由于宗族社会的解体和社会结构的变动，原有聚族而居的大宅院产权几经变动且无完整手续，产权界限不明晰。在讲究房屋产权的今天，显然存在很大问题，对于房屋的维护管理，责任也难以明确。（4）传统建筑的占地面积和材料使用，是在土地资源和林木资源比较丰富的条件下决定的。现在，土地资源和林木资源条件已完全改变，手工制造的砖瓦、石灰等建筑材料也已改变。还原、复制传统建筑已非常困难，就连维修旧宅都费用高昂、材料难寻。（5）传统建筑以木结构为主体，以手工工艺为主，工匠则靠师徒传承。现在建筑主体结构以钢筋混凝土与砖石结构为主体，传统的师徒传承无法继续，许多传统手工艺面临失传。

由于以上原因，传统建筑和以传统建筑构成的传统村落改造，是有实际困难的，不能不正视这些客观原因。外国乡村的传统风貌能得以长期维持，有其与我国完全不同的基本条件：法律法规稳定且长期性强、没有剧烈的社会变动、产权明晰、房屋结构体系变化不大、土地资源和林木资源不如我国紧缺。因此，在欧美国家，经济条件越好，古旧建筑保护越好；而在我国，"传统民居"和"传统村落"大多"保存"在贫困地区或交通不便地区。

4 传统村落改造的模式、典型案例

根据资料研究显示，对于传统村落的保护性改造，目前有七种保护模式，即：（1）与典型古建筑和传统民居结合模式；（2）与农业工程设施保护利用结合模式；（3）与农业景观结合模式；（4）与传统生态农业生产方式结合模式；（5）与传统特色农产品结合模式；（6）与传统民风民俗结合模式；（7）多种形式相互融合模式。这些模式对当前我国传统村落保护的未来规划、开发理由和改造建设具有借鉴意义。下面结合案例，论述一下国内较成功的传统村落改造实例。

4.1 传统村落搭乘旅游快车——井陉县吕家村

河北省的传统村落大部分集中在太行山区，经济发展水平相对较低。适度进行旅游开发，既可以增加村民收入，使年久失修的传统建筑得到更好的修缮和维护，又可以使传统习俗和传统手工业得到振兴，避免村落空心化，从而传承其文化、延续其活力。如今，发展乡村旅游已成为保护传统村落的一种有效方式，也是传统村落实现现代化的一条特殊路径。走在井陉县吕家村的石板路上，一座座古香古色的明清建筑，充满了历史的沧桑。作为首批"中国传统村落"，这个身处太行山腹地古朴恬淡的小山村，正在演绎着乡村旅游的新故事。吕家村不仅有年代久远的明清老院，有长生口战役129师指挥所等多处抗战遗址，还有一到秋天漫山遍野都是红叶的景观，发展乡村旅游具有独特优势，现在每到节假日就有很多游客来参观游玩。吕家村在传承村落文化的基础上，开发了达130亩（约8.67公顷）的农业园区，种植了花椒、苹果、核桃、柿子等树木，供游客观光和采摘。

过去几年，吕家村村里建立了游客接待中心，古老闲置的旧民居有的被改造为时尚咖啡厅，有的变身民宿，村民还按照规划设计改造村子，大力发展乡村旅游。2017年年初，吕家村与某文化公司签约合作，共同成立旅游开发公司，对吕家村进行整体开发。坚持修旧如旧、以保护为主的原则（图1），绝不破坏村落的原有风貌与村民的生活状态（图2）。根据规划，吕家村将保持原有的生态，让游客融入其中，获得不一样的体验。吕家村绝不搞破坏性开发，也不会过度商业化，重视对代表性古院落进行整体修缮，修缮时尽量修旧如旧，最大限度保留原有风貌，乡村旅游发展得风生水起。如果原本宁静的村落变得喧嚣起来，古朴的村寨成为徒有其表的商品卖场，传统村落就会逐渐失去原生态的美，也就会丢失掉乡愁记忆，这一点是毋庸置疑的。

图1 村貌一角

图2 石宅-福寿宅

4.2 在发展中保护和活化传统村落——正果镇何屋村

广州市增城区正果镇的何屋村、新围自然村，依山傍水，紧临增江第一湾，临江风光好且滨江线长，村中还拥有务本堂、香火祠堂（图3）、仙姑祠（图4）、旧粮仓等文物保护单位和具有广府民居特色的历史建筑群，是广东较早入选《中国传统村落名录》的传统村落。前几年，何屋村传统村落保护发展规划已通过专家评审，向住房和城乡建设部申请的中国传统村落中央补助资金已下达到广州市增城区，此项资金的下达，对加强正果新围村古村落保护，维护古村落传统风貌，传承优秀历史文化遗产具有积极的作用。

村落首先是村民居住的地方，而仅存的祠堂庙宇等古建筑承载着村民的成长记忆，村落历史文化记忆在活化升级的过程中，如何保存、如何挖掘都要充分考虑到。由于常年缺乏维修，新围村许多古建筑的保存现状不容乐观，有一些甚至处于毁坏的边缘。因此，该镇溯本归源，修葺古建筑，恢复古村落的历史面貌。同时，该村通过建造古村落风水博物馆的方式，向游客展示古村落与自然环境之间和谐统一的人居环境。在做好对古建筑的维修完善之后，还将整治村庄环境，打造整洁和谐的乡村面貌。

新围自然村孕育于生态优美、水光山色的增江之畔，得天独厚的自然山水与优越的地理位置、闲逸恬静的自然田园风貌，是其打造观光旅游不可或缺的因素。因此，该村利用优美的景观环境，结合古村落文化以旅游方式开发，打造优美的湖岛观光游。正果镇借助优美的古村落自然环境和文化建筑，发展乡村旅游业，将历史价值和艺术价值转化为社会价值和市场价值，为古村落古建筑与文化的保护提供经济支持和综合保障。同时，利用旅游业的优势，反哺其他产业发展，实现对城市功能转移的承接，进一步提升古村品质，最终形成良性循环。正果镇根据新围村自身条件以及参照其他传统村落的发展，还将建立集文化展示、文化创意、文化消费于一体的文化产业基地，提

图3 香火祠堂

图4 仙姑祠

升古村品位，丰富村落文化内涵，以可持续发展的模式推动经济发展，以经济收益反哺传统村落保护，在发展中活化传统村落，保护好传统村落和传统习俗的风貌，建立起长期有效的发展运营机制。

5 传统村落改造与发展的对策

国家公布《中国传统村落名录》，对传统村落保护、改造的工作不是已完成，而是刚刚开始。要防止以往申遗时出现的谬误——把申遗成功当作胜利完成。其实，正是历史文化遗产被确定之日，才是严格的、科学的保护工作开始之时。尤其传统村落的保护是全新的工作，充满挑战，任重道远。笔者以为，必须认真对待和做好以下几件事：

5.1 应对传统村落旅游开发加以科学管理

从经济学角度来看，传统村落适度进行旅游开发，既可以增加当地政府和居民的收入，使其有更多的财力进行道路、电力、景观、互联网等基础设施建设，又可以使年久失修的传统建筑得到修缮和维护，使传统习俗和传统手工业得到振兴；既能向游客展示和传播其价值，又能避免村落空心化，守护其文化、延续其活力。在乡村振兴战略的大背景下，很多传统村落的旅游开发风生水起。但要留住乡愁，传统村落旅游开发不能过度。

对于传统村落来说，开发与保护如何兼得呢？一些经典、有特色、适合旅游的传统村落，可以开发建设成为旅游去处，但不能把旅游作为传统村落的唯一出路。传统村落是脆弱的，旅游要考虑游客人数过多的压力，不能一味地追求收益的最大化。更不能为招揽游人任意编造和添加与村落历史文化无关的"景点"。联合国对文化遗产采取的态度是"利用"，而不是"开发"。利用是指在确保历史真实性和发挥其文化的精神功能与文化魅力的前提下获得经济收益；开发则是一心为赚钱而对遗产妄加改造，造成破坏。坦率地说，这种对遗产的开发等同图财害命，必须避免。

近几年，我国传统村落保护、利用力度空前，成效显著。一些地方通过发展旅游来保护传统村落，取得了较好效果，但实践中也存在传统村落"变味"的尴尬。比如，在开展旅游开发工作时出现了拆古建新、拆真建假，以及过多外迁村民等错误做法。一些地方传统村落旅游开发过度，如果不对旅游开发加以管理，这些传统村落极有可能得而复失。这需要掌握好度的问题，保护和开发应该达到一种平衡。只有保护下来才能考虑合理利用，利用得当才是有效保护。如果把旅游开发当作传统村落保护发展的主要甚至唯一出路，那就意味着只注意到了传统村落的经济价值，而忽视了其文化价值、社会价值。而经济价值，只是传统村落全部价值中很小的一部分。

发展旅游是保护传统村落的一种有效方式，也是传统村落现代化的一条特殊路径。旅游在一定程度上带动了部分传统村落的发展，给当地居民和政府带来了一定的经济效益，挽救了部分濒临消失的古村落。在发展旅游过程中，要保护、发掘、活化，既要积极发展旅游，挖掘传统村落的文化内涵，又要防止过度商业开发，使得促进保护与发展良性互动。

5.2 重视落地村庄旅游规划的顶层设计

传统村落改造要规划先行。通过科学合理的村庄规划，让历史遗存与现实生活共融，通过发展旅游，让村落景观与人文内涵共生。可以按照"产业兴旺、生态宜居、乡风文明、治理有效、生活富裕"的乡村振兴战略总要求，村庄规划应在透彻分析发展现状、存在问题的基础上，制定整体发展、整治及管控方案，优化空间布局、保护提升生态环境、完善基础设施与公共服务设计、改善村民住宅条件、传承历史文化和地域文化、实现高效精细化管理、营造和谐的人文环境。

（1）政治顶层制度的设计。在各项扶持政策的引导上，要突出让村民在村落里能够赚到钱，帮其找到出路，原住民能住在村落里，才能把村落保护下来。同时，还要改善当地居民的生活设施。另外，国家应该建立长效机制，对于已经进入《中国传统村落名录》的传统村落，没有提出严格以保护为基础的旅游计划，国家不能批准他们开展旅游。这应该是一个硬性措施，因为我们的传统村落不仅仅是旅游的消费品，更要留给后代可以持续生存的空间。

（2）旅游规划顶层的设计。我国村落形态多，个性不同；在选址、建材、构造、形制、审美、风习文化、装饰、景观上各不相同。因此，在村庄的规划设计、旅游开发方面必须全面兼听专家、设计师、规划师、建筑师、游客、村民等的意见。传统村落保护与发展应制定严格规划，由专家和政府共同研讨和制定，并得到上一级相关部门的认定与批准。传统村落能否保护好的关键之一，要看能否尊重规划、设计专家和策划、开发专家的意见，只有他们才能真正提供专业意见和科学指导，保障传统村落旅游发展的长期性、持久性。

在"不大拆大建、就地改造提升为主"的长期规划原则指导下，保护古村落的原貌。改造不仅在建筑功能上满足村民生产生活需求，还在旅游服务上突出特色，达到旅游接待的功能，保护村庄的原始风貌，传承地方历史脉络，重现村庄价值。

传统村落的旅游规划与开发，应遵循优先保护的原则，改变"大拆大建"式的做法，不能只追求经济利益，还要着眼于村落未来的发展，注重生态效益。同时，要进行旅游环境容量的科学评估，严格控制游客数量，避免给古村落带来环境压力。

5.3 重视乡村治理，加快传统村落的现代化

传统村落的魅力在于其承载着千年历史文

化的沧桑感和神秘感，但对于村民来说，落后的经济条件，缺失的基础设施，破旧的古老建筑，不得不使他们想"逃离"出去。那么，怎样才能使古村落保持活力？这就需要留住人气、聚拢人气、重视乡村风貌的治理。应与村民一起探讨科学合理、因地制宜、美化环境的方法，充分调动其积极性、主动性、创造性，增强村民内生动力，提档升级村落的基础设施，不断改善传统村落的人居环境，发展相关产业，走上文旅融合、农旅融合的增收致富路，让村民和村落一起发展，真正实现乡村振兴。只有传统村落生活质量得到提高，宜于人居，人们生活其中感到舒适方便，其开发、改造、保护才会更加有信心、有力量。而且，在面对村各方面基础设施的陈旧和欠缺，会想方设法在物质上改善基础设施、创建宜居环境，从村容村貌、公共管理和服务、基础设施等方面系统地参与。

新时代，传统村落的生产和生活都要现代化发展。村落的人们享受着现代文明和科技带来的便利，国内一些传统村落、历史街区改造过程中所采取的一些方法能给我们积极的启示，比如在不改变街区历史格局、尺度和建筑外墙的历史真实的前提下，改造内部的使用功能，甚至重新调整内部结构，使历史街区内的生活质量大大提高。民居不是文物性的古建筑，保护方式应该不同，需要研究与尝试。但是，现代化的生活方式，是提高村民幸福感的基础。传统村落的改造和开发，要能承载起村民对幸福生活的渴望。

5.4 应关注少数民族地区的村落保护、改造

在少数民族地区，村落就是民族及其文化的所在地，其保护的意义与尺度应与汉族地区村落保护不同。对于少数民族一些根基性的原始聚居地与核心区域，应考虑成片保护，以及历史环境与自然生态环境的保护。在关注少数民族地区的村落改造上，建议应该秉持：（1）体现露天博物馆的建设理念。除确定保护的较为完整的传统村落之外，还有些残破不全的古村虽无保护价值，却有一件两件单体的遗存，或院落、或庙宇、或戏台、或祠堂、或桥梁等，完好精美，颇有价值，但孤单难保，日久必毁。现今世界上有一种越来越流行的做法叫作"露天博物馆"，就是把这些零散而无法单独保护的遗存移到异地，集中到一起保护；同时，还将一些掌握着传统手工的艺人请进来，组成一个活态的"历史空间"——露天博物馆。近些年来，这种博物馆不仅遍布欧洲各国，亚洲国家如韩国、日本和泰国也广泛采用。露天博物馆是许多国家和城市重要的旅游景点。这种方式，可以使那些分散而珍贵的历史细节得到了妥善的保护与安置。（2）保护民族文化的理念。民族传统文化是传统村落旅游的核心，为了凸显文化内涵，一方面要避免"万村一面"，避免村落的个性在旅游开发中消失；另一方面要避免村落的文化底蕴在旅游开发中被肢解。因此，要注重对村落的个性化开发，深入挖掘古村落的地方特色和文化内

涵，利用村落自身资源优势，在小幅开发力度下突出展现村落的文化特色，避免急功近利。某文旅公司，在以传统村落为主体的新疆葡萄沟AAAAA级景区提升改造项目中，以民俗传说"青蛙（维吾尔语为帕喀）故事"为要素，构建具有浓郁民俗风情的乡土文化街区帕喀巷，通过对入口标志性景观同道路环境以及民居进行整体改造，保留当地建筑特色，还原村落原乡文化，结合文化元素构建旅游景观空间，完善街巷旅游服务功能，对民居建筑进行了特色化、情景化与体验化营造，值得肯定。

5.5 应促进传统村落保护与行政支持

在乡村发展旅游过程中，首先要保护生态环境，凸显文化内涵；其次要落地村庄规划，提升村庄价值；同时要重视乡村治理，促进经济发展。真正体现"历史真实性、风貌完整性、生活延续性"的保护原则。现在很多传统村落分布在偏远的贫困地区，自身发展条件和能力有限。尽管政府予以一定的资金支持，但这是远远不够的。建议在政府先期投入的基础上，一些有意向的科研机构、民间组织以及企业，都可以参与传统村落的开发，并建立利益联结机制，让村民享有利益主导权和分享权，增强传统村落的自我造血功能，最终形成可持续发展模式。此外，对于传统村落的保护应有相应的对策，笔者认为主要有几点：（1）保护"传统村落"和"传统建筑"，应面对现实，只能有重点地进行保护。应通过调查研究、专家评审以后确定保护范围，制定维修方案，编制预算，由国家投资或补助资金进行维修保护，该保护的就一定要保护好。（2）对传统建筑维修保护应和改造利用结合起来。闲置的房屋，损坏非常快，是难以长期"保护"的。可以考虑在保护原有建筑风貌的基础上进行适度改造，解决排污、消防等问题，成为适合现代人居住使用的房屋和独特的"农家乐"，或作为博物馆、展览厅和各种会所、茶室等。当然，这里还存在投资和回报的分配问题，要解放思想，引进外来资本和管理是一个方法。（3）保护应和新农村规划相结合，新村建筑应植入传统因素，有民族风格和地方特色，并与原来的旧村协调。只有新旧结合、协调发展，传统村落的生命才能得以延续。

此外，由于传统村落保护与村落生产生活的发展密切相关，任何部门无法独自解决，因而这次由四个相关的国家一级政府主管部门联合开展与实施——包括主管乡村的建设与发展的住房和城乡建设部，分管物质和非物质文化遗产的国家文物局与文化部，担负财政支持的财政部。四个政府主管部门的联合推行，不但可以统筹全局，推动有力，并使工作的落实从根本上得到保证。这是一个符合国情、符合实际的创造性的办法，它体现了国家保护传统村落的决心。这样，传统村落便从长期的困惑、无奈与乱象中走了出来。总之，传统村落和传统建筑的保护是一项很大的系统工程，有待于继续深入探讨和实践。

6 结语

传统村落是一种生活生产中的遗产,对它的改造是一项艰巨的课题。一方面是它规模大、数量多、内涵丰富,又是活态,现状复杂,村落改造往往与村落的社会经济发展构成矛盾;另一方面是它属于地方政府的行政管辖,若要改造,必然牵涉政府各分管部门的配合,以及管理者的文化觉悟。这是传统村落保护、改造上长期陷于困境中的根本原因。

| 参考文献 |

[1] 王曼. 传统村落的发展之路[J], 农村经济与科技, 2016 (21).
[2] 刘馨秋, 王思明. 中国传统村落保护的困境与出路[J], 中国农史, 2015 (04).

2 重庆市涪陵区大顺村传统村落保护调查

刘 虎[1] 林 琢[2]

摘要　　地处中国西南的重庆，有着丰富的历史文化遗产和文化传承，经过长期的历史发展与演变，形成了独具特色的巴渝文化，是中华文明的重要组成部分。作为巴渝文化载体的传统村落，散布于巴渝地区。作为第一批入选《中国传统村落名录》的重庆市涪陵大顺村，以其独特的建筑风貌和人文历史，为研究巴渝地区的历史文化提供了不可或缺的资料。

关键词　　大顺场；传统建筑；传统风貌

---

[1] 刘虎：中国建筑设计研究院有限公司，工程师。
[2] 林琢：中国建筑设计研究有限公司。

重庆位于中国地势三大阶梯中的第一阶梯和第二阶梯的过渡带，是通达长江中下游的交通要道，具有山地、丘陵、高原等类型丰富多样的地貌。在复杂多样的山地河川的地形地貌条件下，巴渝人民积累了丰富的经验，能够巧妙地利用平缓坡地、台地或谷地等地形，选择有利的地理环境，建设适宜的聚居区域。重庆的巴渝文化起源于新石器时代前后，有着悠久的发展历史与丰厚的人文积淀，使得巴渝地区在数千年来的繁衍生息中，能够一代又一代地传承并发展前人创造的文明。从现存的遗存、遗迹中都充分地体现了巴渝地区丰富多样的文化积淀与代代传承的悠久历史。

重庆地区的传统村落具有历史悠久，人文底蕴深厚的特点。其中的涪陵大顺村于2012年12月作为重庆市的传统村落第一批入选《中国传统村落名录》，其具有较强的代表性。大顺村在重庆主城区中东部，涪陵城区西南部，位于北纬29°30′，东经107°02′，地处武陵山脉涪陵区东南部后山坪上地区，属于丘陵地貌。2021年11月1日，重庆市人民政府发布关于涪陵区部分行政区划变更的批复（渝府〔2021〕60号）；撤销大顺乡，设立大顺镇。大顺村隶属重庆市涪陵区大顺镇，与大顺乡清风村、石墙村、大田村、天宝寺村比邻，西与增福乡黄龙村、同心村接壤，境内竹木葱茏，植物群落完整，田园和美，小山散落，梯田环绕，四季见绿。

大顺村历史悠久，境内山清水秀、风光旖旎，人文景观、文物古迹较多，历史文化积淀丰厚。大顺村具有典型的移民文化，自明清时代起，随着移民不断进入川渝地区，不仅带来了各地的生活方式，更是为远在涪陵西南的大顺村带来了闽、粤、湘、鄂、渝、黔、滇等地的特色建筑元素，碉楼、角楼、台阙随处可见，庙宇道观、钟鼓楼、祠堂式、秋千式、桥亭式等建筑样式众多，同时皖南、湘赣民居、方形土楼、四合院等建筑遗迹丰富，体现着不同时期、不同地域建筑文明的融合与交汇，堪称移民建筑文化博物馆。

经过村民们长久的保护，大顺村境内有保存完好的碉楼、角楼、台阙等特色建筑40余处，建筑年代从清代迄今，跨度200余年，拥有多种不同的建筑风格，青瓦、粉墙、栗色窗，天井、内廊、对称房等建筑形态形成了重庆涪陵西南的大顺村特有的移民建筑群，展现了不同时期和地域间建筑文明的融合，使得这里成为移民建筑的聚宝盆。现今大顺村保留的传统建筑遗迹有：大顺老场半边街、陈凤藻庄园（洋房子）、大寨门造像、李蔚如烈士陵园、李蔚如故居、李家祠堂、大顺更新校、解放军烈士纪念碑。有泡桐树、九柱房子、四岔沟、大田湾、大林、学堂堡、核桃树、龙凤坪、青岗山、小屋基等特色民居建筑。

1 大顺场——昔日巴蜀第一场，而今大顺半边街

大顺场位于大顺村1社，建于清嘉庆年间。大顺场老街倚山而建，因清末民国时期匪患猖獗，修建此场也为抵御匪患，因此老街在布局上以防御为主，呈封闭状态，外围营建碉楼，形成独具特色的全封闭乡场廊街场镇。大顺场传统建筑采取闽式建筑与涪陵山地建筑（穿斗法式与金包银法式）相结合，老街由单体廊式建筑群组合而成，建筑间紧密联系形成一个整体的集市场镇。大顺老场分为上、下两场：在下场口阳沟入阴沟，明水入暗道，阴沟直通水田，富肥污水灌溉的稻田，形成高效的排水系统。场镇街道两边屋檐廊向街心靠拢，街道以檐廊为市，场镇上场口、下场口的两侧檐廊相交地方建门廊相衔接，一旦有匪患可将上下场口门关闭，乡民据守四角碉楼，通过碉楼与场内巷道檐廊连通，组织起有效的防御体系，确保场镇居民无虞。

曾以巴蜀第一场著称大顺老场，如今只剩下半边街道依旧繁华，故称半边街。大顺半边街整条街根据地形依山而建，占地面积约3450平方米，老街总长230米，整体形态呈阶梯状，错落有致。老街街道宽1.8米，路面均用青砂条石错缝铺平，以中间排水沟为线，南边建于清代晚期，北边建于民国初期，民房排列于两旁，户户相连。宽大的屋檐从两侧伸出将街面遮盖，形成长廊式街道。赶场人身居其中，可免日晒雨淋之苦。

大顺场半边街房屋建筑结构形式多以穿斗木结构和土木结构为主，建筑层数以2～3层为主。居住建筑以坡屋顶居多，有少量平屋顶。建筑形式属典型的乡土建筑系列，建筑外墙有石灰白面墙、青砖饰面墙等。

大顺场巴蜀第一场至今仍独具特色，一方面，以碉楼防御为主的布局为居民带来了安全感；另一方面，"晴不晒日头，雨不湿鞋袜"的全封闭式檐廊街，前店后坊的建筑，又为商业发展创造了良好的条件（图1～图17）。

图1 大顺场入口台阶

图2 大顺场内街1

图3 大顺场内街2

图4 大顺场内街3

图5 大顺场内街4

图6 大顺场内街5

图7 大顺场内街6

图8 大顺场内街7

图9 大顺场内街8

图10 大顺场内街9

图11 大顺场内街10

图12 大顺场内街11

图13 大顺场内街12

图14 大顺场内街13

图15 大顺场檐口

图16 大顺场门牌

图17 大顺场细部

2 李蔚如烈士陵园

大顺村是早期中国同盟会、中国革命党、中国国民党和中国共产党人李蔚如的故乡，村内的李蔚如烈士陵园于2010年被命名为市级文物保护单位，现为市级爱国主义教育基地、党风廉政教育示范基地和区级青少年教育基地。李蔚如烈士陵园于2008年开始进行了修缮扩建工作，陵园正对面南侧建设了四镇乡农民运动纪念馆（图18~图21）。

图18 陵园入口

图19 陵园甬道

图20 烈士纪念碑

图21 纪念馆

3 李蔚如烈士旧居

在李蔚如烈士陵园西侧，伫立着的传统建筑就是李蔚如烈士旧居，其占地1070平方米，建筑面积665平方米，由一个闭合的方形院落组成，院落中部建有一隔墙体，将整个院落分为前院和后院，建筑共2层，为土木结构，保存比较完整。形成完全分隔的。后屋一层、二层均为五开间用于居住；前屋一层为三开间、二层为五开间，其一层明间设有面积较大的公共活动空间。旧居的大门两侧有李蔚如烈士当年题下的精美石刻对联，上联为"苔砌倦观群蚁阵"，下联为"花房嫌听乱蜂衙"，昭示李蔚如烈士厌恶军阀混战、涂炭生灵的心态和向往和平、追求光明的思想。近些年通过修缮，李蔚如烈士旧居在保持古朴之态的基础上老宅换新颜（图22~图29）。

图22 旧居外观

图24 旧居入口

图23 旧居名牌

图26 旧居屋檐

图25 旧居后院

图27 旧居内院

图28 旧居内景

图29 旧居细部

4 李家祠堂（李蔚如故居）

李家祠堂是原四川省第一个县级农民协会成立旧址，1927年，在此召开了涪陵县农民代表大会，因此诞生了涪陵农民协会，对研究革命历史具有重要的意义，有着丰富的历史文化底蕴和人文资源，现为区级文物保护单位。祠堂占地面积1374平方米，建筑面积2748平方米，建筑长42.7米，进深32.2米。祠堂呈三合院布局，木结构、悬山式房顶、穿斗式梁架。现存正厅、左右厢房、院坝，院坝为条石铺设。建筑上的木雕、石雕等细部工艺精美，具有较高的历史价值（图30~图47）。

大顺村的大部分老建筑始建于清朝时期，由于年久失修，木结构建筑多已毁坏严重，建筑风貌衰败，对大顺村的传统场镇格局、建筑遗存保护是一个难以挽救的损失。基于此，在当地政府的带领下，对大顺古建筑群及其文化进行了细致的调研分析，坚持原真性、完整性、延续性的原则下，对大顺村传统建筑进行了保护与修缮工作，以使大顺村的传统历史价值、艺术价值、文化价值得到了传承。

图30 祠堂外观1

图31 祠堂外观2

图32 祠堂外观3

图33 祠堂外观4

图34 祠堂名牌

图35 祠堂内院

图36 祠堂檐口1

图37 祠堂檐口2

图38 祠堂檐廊1

图39 祠堂檐廊2

图40 祠堂外围环境1

图41 祠堂外围环境2

图42 祠堂内景

图43 祠堂外廊

图44 祠堂细部1

图45 祠堂细部2

图46 祠堂细部3

图47 祠堂细部石雕

参考文献

[1] 王曼. 传统村落的发展之路[J]. 农村经济与科技，2016（21）.
[2] 刘馨秋，王思明. 中国传统村落保护的困境与出路[J]. 中国农史，2015（04）.

3 传统村落景观升级与改造的理念与方法

丁一凡[①] 赵 超[②]

摘要   传统村落不仅是以物理空间、物体存在，它更具有悠久的历史沉淀、文化沉淀，是身处村落的人们的生活印记、文脉传承的记载者，也是家族门风、乡约俗规的承载者。在现代文明的发展阶段，有的传统村落逐渐走向了衰败、静谧、没落，需要经过环境的返修、出新，或者景观升级、改造，让这些曾经人潮汹涌、灿烂辉煌、万家灯火暖春风的传统村落，重新焕发生机与活力。

关键词   传统村落；景观升级；景观改造；村庄设计

[①] 丁一凡：中国建筑设计研究院有限公司，副高级工程师。
[②] 赵 超：江苏常地房地产资产评估勘测规划有限公司，总经理；邮编：213004；E-mail：cdgjs2003090@sina.com；地址：江苏省常州市太湖东路158号府翰苑3栋5楼。

1 引言

近年来，随着城镇化进程的推进，如何保护、保存好传统村落与村落文化，让古老的村落文化与现代城市文明相伴相生，已成为当代社会面临的一个重要课题。许多的传统村落大多地处偏僻、经济发展落后、交通不便的地方，但历史风貌保存较为完整，历史文化旅游资源丰富。因此，通过开发旅游、专项保护与活化利用村落有形与无形的文化遗产资源，就成为一种选择和破解传统村落振兴、复兴的重要途径和手段。

2 传统村落景观升级与改造的价值

通过科学合理的传统村落景观升级与改造，可以实现很多功能价值，让传统村落在新时代背景下焕发生机与活力。比如：（1）传统村落景观升级与改造，可以带动乡村旅游。旅游是发挥传统村落价值的手段之一，发展旅游是保护传统村落的一种有效方式，也是传统村落现代化的一条特殊路径。但是，并不是所有的村落都适合发展旅游。大多数传统村落实际上不具备旅游吸引力，需大量的投资建设才能发展旅游，旅游利用难度较大；还有一些传统村落建筑景观破坏严重，村落原貌逐渐消退，民俗文化逐渐消失，与普通村庄无异，已失去旅游吸引力，无法通过旅游发展保护村落文化。因此，需要进行景观的升级改造，才能符合、迎合乡村旅游的需要。而且，发展传统村落旅游，还是一种很好的保护村落的手段。但通过发展旅游来保护传统村落，是有基本条件的，如：村庄肌理、整体风貌保存完好；房屋空置率较高；生态环境优良，旅游发展潜力好。这类传统村落通过发展旅游，不仅可以在一定程度上带动村落的发展，给当地居民和政府带来经济效益的同时，也能起到对村落的保护作用。（2）传统村落景观升级与改造，可以留住传统文化。传统村落是形成较早，拥有较丰富的传统资源，现存比较完整，具有较高历史、文化、科学、艺术、社会、经济价值的村落。传统村落具有悠久的历史沉淀、文化沉淀，是身处村落人们的生活印记、文脉传承的记载者，也是家族门风、乡约俗规的承载者。在现代文明的发展阶段，有的传统村落逐渐走向了衰败、静谧、没落，需要经过环境的返修、出新，或者是景观升级、改造，让这些曾经人潮汹涌、灿烂辉煌、万家灯火暖春风的传统村落，重新焕发生机与活力。

3 传统村落景观升级与改造的理念

3.1 景观规划中加入"人"的要素

传统村落最大的亮点就是曾经创造了一个时期内繁荣的人居环境和人文现象。乡土文化需要通过原住民来传达，他们的衣着、言行举止都承载着浓郁的乡土气息，旅游者只有通过与他们的亲身接触，与他们共同生活在乡村中，体会原住民的生活气息、习俗、乡俗，才能真正了解乡村社会、体察传统村落的魅力。因此，在传统村落景观规划、升级与设计改造上要以人为本，以人的活动空间、心理、习惯、喜好为基础要素来进行概念设计和设计理念的传达。

3.2 升级以保护景观环境、恢复生态为重

村落风光、乡村景观是一个自然生态的物质环境，农耕文明形态和人文生态环境共同作用下的生态共同体，乡村景观环境就是一个地域特色的标志性产物，它会体现出乡村的地域性、民族性和个体性。然而，如今传统村落的景观环境却遭受了外部的影响与污染，国内的环保问题主要来源于工业、生活垃圾和农业污染。在此背景下，传统村落的建设、改造要用以保护景观环境、恢复生态为重的理念来建设。

3.3 改造中乡土建筑富有地域特色

传统村落聚落及演变、发展，是经文化、地理气候、历史沉淀下来的产物，传统村落建筑则是乡村聚落物质空间的载体。每个地方有每个地区的个性、共性的符号，比如很多民居建筑就是不一样的。传统村落建筑亦是乡村旅游中的一个重要组成部分，是乡村非物质文化遗产的独特载体，反映出乡村的整体风貌，蕴含着浓厚的历史价值和艺术价值，对乡村旅游有重要的推动作用，是实现乡村旅游可持续发展的重要保证。因此，在传统村落景观升级与改造上，村落的建筑物就要体现出地域性、特色性的理念。

3.4 改造中体现专业化、引导乡村旅游

乡村旅游规划是一门产业，也是一门专业技术，旅游景点的规划设计、产业布局、旅游产品的开发都需要专业人员的控制与规划，因而为了乡村旅游的蓬勃发展，就需要加强乡村旅游的专业型和科学规划与管理，加强专业人员对乡村旅游业发展人员的培训和引导。在传统村落景观升级与改造上，要从城乡规划学、建筑学、风景园林学、艺术学、民族学等多角

度综合考量传统村落的特点和现状，以专业的视角、专业的技术进行理念的提升与定位。

4 传统村落景观升级与改造的方法

4.1 传承、继承而复原、再现的方法

传统村落原有的、固有的景观，是在不同历史阶段和不同文化环境、生存生活理念下形成的形象鲜明、具有代表性的景观特征。在各个时期，都有着新的理念诞生，都在渐渐形成当地特有的风俗习性，孕育着颇具当地地域特色的人物，他们出于自身地域的特点，归纳总结前人观点，推陈出新，又以新的思维去更新它。一代代日积月累之下，形成各自独特的地域景观，这些实物、符号、图腾等，都是各地域气候、文化、地理等因素所结合的独一无二的产物。各自都具有不同"个性"，因此，在传统村落景观改造、升级的过程中，要突出：（1）村落景观的识别性。传统民居既反映出各地的环境特征，又反映出不同地域的文化特征和艺术风格。各地的气候、景观审美、地域特征、不同的文化理念都影响着人们建造民居时的选择，也使得各种各样的民居具有各自不同的空间结构和独树一帜的鲜明特点。很多地域村落都有着其独具一格、匠心独运的标志性民居、建筑物、构筑物，都蕴含有浓厚的地方特色村落文化。而就是通过这些传统民居独有的特色，才体现出了传统村落景观的"可识别性"。（2）村落景观的印象性。符合美学特征的村落、村落建筑的造型等，通常会使村落景观给观看的人深刻而独特的印象。例如：有的村落有马头墙、白墙灰瓦；有的村落有池塘、水鸭大树；有的村落有祠堂古建、野径路曲；有的村落有寺庙塔院；有的村落有古树参天、花果遍野。有的村落一开始就思考了景观的"可印象性"。浙江乌镇的"鱼米之乡，丝绸之府"，融河水、民居、水田以及重要的经典为一体，有一种自然和谐的景观效果；乌镇的西栅老街以及其他乌镇景观中的独特景观意象，总是给人留下深刻印象（图1）。北京密云的古北口北台乡居农宅，将村里闲置的农宅流转过来，进行统一的整合开发。保留农宅外观，对内部进行装修改造，满足高端度假需求。改造讲求文化性、乡土性，外表古朴陈旧，与周围环境融为一体，不突兀，不张扬。古北口北台乡居农宅的村落景观改造过程中，最大限度地使用当地材质，如石材、木料、稻草等，尽力呈现传统民居形态，营造浓郁的乡味建筑（图2）。

图1 乌镇的西栅老街

图2 古北口北台乡居农宅

传统村落的更新改造，应该在历史根源、农耕文明、建筑特色、景观地貌等各个方面进行多元素的提取与重现。在保留村落基本骨架的前提下，把各元素用景观重塑的手法叠加到村落空间上，这样既能使传统村落重新焕发生机，又能尽量减少改造中对骨架结构的硬性破坏，可为后续村落保护开发留下更多的弹性空间。

4.2 传统村落景观表达的方法

在传统村落景观改造、升级的过程中：

（1）布局应因地制宜

传统村落不仅只是要选择一个与山水为邻、可防御灾害的环境，对自然环境中不恰当之处要进行适当的改善。先将宗祠、寺庙、广场、池塘、街道等公共性建筑的位置设计好，再规划其他居民建筑布局，自由地各式组合，发挥最大的创造力，在空间布局上不受约束、灵活多变，才能更好地融入大自然，达到天人合一的思想境界。总之，传统村落的选址和布局基本都遵循了与山水的和谐共生法则，因而，在改造和升级中，要充分认识和借用这些基础要素，因地制宜。譬如，北京密云的古北口北台乡居农宅改造上，最大限度地利用村落中的乡土资源，如农田、果园、乡村家禽，以及生产生活工具、场景等，配套现代休闲理念，形成极具乡土性的乡村体验产品，提升游客的度假情致。北京密云的古北口北台乡居农宅度假乡居，以"乡味"为氛围基底。一方面展现乡村原生态景观，古树老井山花、石磨草屋篱笆，营造出浓郁的乡土意境；另一方面，最大限度地保留乡村原有的生活状态和生活气息，将乡村居民的生产生活状态作为重要的无形资产，耕种的村民、喂家禽的农妇以及房前屋后休息的老人，都是乡村景观的重要组成部分。在"山里寒舍"的带动下，干峪沟成立了旅游专业合作社，改造建设40套创意乡村民居及15亩（约10000平方米）公共配套功能设施，形成了山里寒舍创意乡村休闲度假区（图3）。

图3 开发建设后的干峪沟村

（2）空间应灵活多变

传统村落里的道路是村落景观中布局时应慎重考虑的。道路不仅是联系交通，也是人们公共性活动的空间，因此它兼具数种复合、模糊的功能，如商品交易、休憩闲聊、走访亲友等。它的空间形态灵活多变，其宽窄随心。道路伴生的骑楼、廊道等连接室内外空间，起到过渡的作用。例如，南宁市武鸣县的邓家大院这种典型的江南天井院建筑在布局中很重视安全防御，也体现了一种追求自然、独立、自由的生活模式（图4）。

图4 武鸣县的邓家大院

（3）景观应结合文化

传统村落都有着自己的标志，这也是村落人文景观的重要构成。标志是村落的一种象征，更是当地人们的一种信仰体现，是村落人们的吉祥物，有着非同寻常的意义。传统村落通常以宗祠、高塔大树、小桥流水或是屋顶、山墙等作为标志。他们各自都代表了当地村民在经过漫长历史进程后，所形成的独特的文化追求。作为宗族兴旺的标志，科举入仕是最好、最有力的说明，也是普通宗族能达到声名显赫的唯一途径。所以，尽管各地域气候、地理、人文不尽相同，但其创造"文明胜地"的目标都不谋而合，这是进行景观升级与改造中不可或缺的设计要素体现处。

4.3 传统村落景观的生态化设计的方法

传统村落景观出现不理想、不好的现状，背后的原因是多样的、多方面的，如基层对国家政策措施执行不到位，村民文化素质不高，保护意识不强，村庄劳动力流失，村落经济水平低下，村落景观保护方法手段不能满足需要等。因此，要加强传统村落景观生态设计，具体是：（1）加强保护性的生态设计。不同的传统村落，各自的历史文化底蕴深厚，不同的地域有不同的物质特产、不同的风俗习惯，产生了千差万别的地域文化，也造就了国内大江南北丰富多彩的传统村落文化类型和村落文化景观。传统村落景观是历史遗留的珍贵文物，有着唯一性和不可再生性，不可复制，不可任意转移。因此，对不同地区的传统村落景观生态设计首要的就是保护性设计。村落景观保护性设计是以维护原有村落景观为前提，综合考虑原有的地理生态条件、自然资源、历史文化资源和现有景观所处的外部环境，对受到破坏的景观进行修复。当然保护性的生态设计并非一成不变，而是根据现存景观破坏程度和现存景观恢复的可能性决定。但总体原则是"修旧如旧、保护利用"。在城镇化进程中，不能因为时间紧迫，在不准确掌握景观资料的情况下，盲目改变景观，造成二次破坏。因此，在景观生态设计中，要充分调查当地自然环境、文化风俗、生活习惯等，掌握相关知识，充分掌握和利用的现代科技技术。（2）开展统一性生态设计。统一性生态设计，就是充分考虑到当前的生态景观与未来社会发展的可适应性和协调性。使人与自然和谐相处，从整体上协调不同时空、不同环境、不同功能，统筹人、自然、社会三者之间的整体关系，使人、自然景观、文化艺术达到时间和空间的统一性与连续性。随着乡村旅游的开展，一些村落的进行了景点开发。开发者当面对老旧的、残破的古建筑拆后重建，一些破败且无法修复的建筑景观素材，应该被考虑重新利用。如有些的残缺砖瓦、废旧青砖、破损碾磨，完全可以在街巷、围墙等其他景观中作为其他功能使用。它使景观元素完成了新生，达到了生态效应，实现了设计的可持续性、长久性。

5 结语

当前，传统村落景观需要进行必要的升级与改造，原因是多方面的，例如：迁村并点，村落由分散布局向紧凑的格局演化；现阶段经济模式的改变，推动村落内部空间结构的变化；现代化的人居要求，激发村落环境的整体更新等。这些客观因素的背后，证明了传统村落在现代文明发展中亟须改变和突破的紧迫性。在传统村落景观升级与改造的过程中，要正确处理传统村落保护与开发的关系。具体来说，在乡村发展旅游过程中，首先要保护生态环境，凸显文化内涵、传统的价值；其次要落地村庄规划，提升村庄价值，带动当地就业与发展；最后要重视乡村治理，促进经济发展、农民增收，留住人口、稳住人心，才能最终让传统村落保持住一份活力和人间的烟火气。

参考文献

[1] 陈立华，潘永健，张振. 传统村落景观改造与更新研究[J]. 建筑技术开发，2017，44（12）.

[2] 李先达. 中国传统民居与文化[M]. 北京：中国建筑工业出版社，1995.

[3] 陈晓强，沈守云. 关于传统村落景观的思考[J]. 现代园艺·综合版，2016（5）.

[4] 周群. 江西传统村落景观生态设计研究[J]. 东方教育，2018（7）.

[5] 张华. 传统村落景观改造与更新研究[J]. 丝路视野，2018（28）.

4 基于传承利用的传统村落公用设施改造提升研究

俞 涛[①] 何子怡[②]

摘要 　　梳理各地传统村落中公用设施的实践现状，总结分析传统村落公用设施保护利用中的问题，进而归纳传统村落公用设施的建设特征。从传统村落保护与发展层面探索传统村落公用设施改造提升的原则和实施路径。

关键词 　　传统村落；公用设施；改造提升

[①] 俞涛：中国建筑设计研究院有限公司，高级建筑师；邮编：100044；E-mail：974637838@qq.com；地址：北京市西城区车公庄大街19号。
[②] 何子怡：中国建筑设计研究院有限公司，助理规划师；邮编：100044；E-mail：277163720@qq.com；地址：北京市西城区车公庄大街19号。

2012年起，住房和城乡建设部会同原文化部、国家文物局、财政部、原国土资源部、原农业部、原国家旅游局等部门开展传统村落调查挖掘工作。目前，共公布五批中国传统村落6819个，它们是我国优秀的历史文化遗产，是弘扬民族传统文化、实施乡村振兴战略与乡村文化复兴的重要抓手。开展乡村振兴，不是说全部大拆大建，而是要把这些别具风格的传统村落改造好。要实现生活设施便利化、现代化，让村民能够洗上热水澡，村容村貌要整洁优美。乡村振兴和人居环境改善是传统村落满足居民生产生活需要的必然选择，而基础设施改善是重点。但目前，传统村落缺乏建设、设施落后、各项功能不完善；同时，人居环境改善方面，大量的农村按照城市设施建设标准强硬套用，导致设施建设粗犷，与原有环境和村民诉求不匹配。列入各级保护名录的传统村落公用设施改造，是实现让村民过上现代化生活的重大任务。

1 传统村落公用设施对象界定

村庄基础设施是指为村民生产生活提供基本保障的村庄道路、交通和公用设施等。村庄公用设施包括村庄给水排水、供电、供气、供热和能源等供应设施；公厕、垃圾站、粪便和垃圾处理等环境设施；消防、防洪等安全设施[1]。

本文研究的公用设施与村庄公用设施相似，包括给水排水、电力、电信、能源、环卫、综合防灾设施等。因为历史年代、社会生产力、产业结构等因素的不同，传统村落公用设施既有公用设施的功能属性，又体现"传统"特征。除了作为物质性载体的功能并受到地理环境及气候条件等因素的较大约束之外，还具有丰富的历史文化价值与地域特色。传统村落公用设施的各子系统中，给水设施、排水设施以及综合防灾设施与历史文化价值等隐性要素关系紧密，而环卫设施、电力电信设施与能源设施以现代技术、现代材料的运用为主，其特征主要体现在显性要素之上，与历史文化等关联性不强。

因此，本文研究的传统村落公用设施大体可以分为两类：一类是古村落传统的公用设施，另一类是古村落现代化的公用设施。

2 传统村落公用设施保护及建设现状

2.1 古村落传统公用设施保护利用现状

结合现有研究,定义传统公用设施是指位于古村落内,产生于民国以前,为了保障当时村民基本的生产生活活动而建造的工程设施、器具、作坊等。当今,部分传统公用设施仍在使用。古村落传统公用设施大致可分为三大类,即传统给水设施、传统排水设施、传统防灾设施。

（1）给水设施

传统村落众多传统公用设施中,给水设施是最基本的设施之一,关系到人畜的日常用水、农业手工业的生产、村落的生态环境等,在传统村落的建设发展中具有不可替代的作用。目前,我国传统村落在基础设施改造中,除少部分实现集中供水,大部分村镇仍保留有传统取水设施,保存较好且仍在使用的取水设施有泉水水源和水井等（图1）。还有一些以天然河道湖泊等为水源,建成的向传统村落供水的各种传统引水工程设施,如人工开挖的蓄水水塘（水池）、河流取水口、引水沟渠、水车、坝、水闸等（图2）。

（2）排水设施

传统村落的排水组织,在选址之初就结合地形考虑。传统排水设施多为结合地形地貌与村布局的排水系统,利用地形组织沟渠,让山洪雨水避开村落,或顺利穿过村落。传统的排水组织主要有三种情况:第一种是街道排水,直接排放到街巷路面上,作为排水设施的传统街道的路面多呈凹弧形;第二种是在街巷的一边有暗涵（图3）;第三种是在道路边上有明渠（图4）。这三种形式相互衔接,互补不足。

（3）防灾设施

传统村落中常见的是自然灾害防御设施,

图1 取水设施——水井

图2 引水设施——水车

图3 排水设施——暗涵

图4 排水设施——明渠

多以防洪防涝及火灾为主。部分村落周边多设有防洪防涝堤，山体护坡，村落中有泄洪通道（图5）；为防止火灾蔓延及扑救方便，多设有封火墙或水塘、太平缸等设施（图6）。随着国家对传统村镇的保护实施加强，传统消防设施逐渐被灭火器、消防栓等现代消防设施替

图5 泄洪通道

图6 水塘（粮仓）

代，传统村镇中消防水缸和水池较多被保存下来，但其使用功能逐渐消失。

总体来看，传统公用设施存在的问题可以总结为对于传统公用设施保护不足和功能延续问题，传统风貌丧失，传统设施被弃用，逐渐消亡；不能满足现代生活需求，缺少设施改造建设标准。

2.2 古村落现代公用设施建设现状及问题

为满足现代生活需要，传统村落也进行了村落现代公用设施的建设，主要是维持村庄生存功能的重大民生设施，包括供水、供电、排水、环卫、能源、防灾等几类设施。通过对传统村落的走访调研，发现在建设中存在不少问题：管线的敷设建设无法保障安全性。表现有：村庄内的给水排水管网无法满足安全间距要求；部分给水采用软管随意敷设；燃气管线外挂墙面，存在安全隐患。设施改造不能满足功能使用。出于车辆通行的需求，对街巷及排水管网改造，破坏了原有的排水组织系统，使得其排水沟渠经超出负荷，出现了大量的堵塞、淤积，甚至造成了许多道路积水的现象。污水管网"入地不入户"的普遍现象，实用性较差，污水处理装置长期闲置等（图7）。新建设施与传统风貌不协调（图8）。供电、通信管线大多为露天架设线路，入户的线缆外挂墙面，线路布设也较为杂乱（图9）；环卫、消防设施未遮蔽或装饰措施，影响传统风貌。

图7 给水排水管线

图8 设施风貌不协调

图9 供电线路杂乱

图10 管线入地

图11 小型消防设施

不少地方也有适应传统村落特征的现代公用设施建设改造的经验。如管线大多数采用埋地敷设，或进行掩蔽与传统风貌相协调（图10）。推进小型消防设施建设，采用小型消防设施，如灭火器、消防栓、移动式细水雾推车、烟感报警器等（图11）。

3 传统村落公用设施的建设特征及改造提升原则

3.1 "分散性"是传统村落公用设施的基本特征之一

不同于城市高密度聚居的状态，传统村落大多具有"大分散，小聚居"的分布形态，因而其对于公用设施的需求量小且分散，无法像城市基础设施一样采取"集中供给、集中收集、集中处理、集中维护"模式，实现在公用设施供给成本的降低。例如，某传统村落，由于村组较为分散，通常在规划中会按配备统一的污水管网进行考虑，但不足百户民居，且地形复杂，规划较长的污水管网及污水泵，成本高，实施困难。

因此，传统村落的公用设施往往无法采取"系统化、标准化"的供给模式，而是根据村落不同的规模和地形等因素，针对性地选择相应的技术与模式进行公用设施的供给。

3.2 传统村落公用设施的"生态融合"特征

传统村落的公用设施大多具有成本低廉、简单易行、生态适宜、低动力等因地制宜的"生态融合"特征。多数传统村落公用设施对既有环境的负面冲击较小，与环境契合较好，且与地方的经济条件相适应，也易于建设与维护。同时，其"背后蕴藏的生态智慧、生态适应性技艺"是传统村落公用设施有别于城镇基础设施的显著标志。

例如，理水是徽州地区村民生产与生活实践中的重要内容，皖南宏村的选址、布局与水系有着直接的关系，其人工水系的营造精致巧妙，在生产与生活组织及防灾减灾中发挥着重要作用。云南哈尼族村民利用村寨与梯田的地形关系，农耕时节从大沟中引水冲入村寨的公用积肥塘，农家肥可由此与渠水自流至逐级的耕田中，是村民生产经验与自然环境巧妙结合的产物，堪称生态农业的典范。

3.3 改造提升原则

传统村落是中华民族的宝贵遗产，体现着当地的传统文化、建筑艺术和聚落空间格局，反映着村落与周边自然环境的和谐关系。传统村落的公用设施是传统村落的一部分，既有设施是随着传统村落共同形成与演变的，必须正视其历史遗产属性，突出对历史文化价值的保护与传承。同时，基础设施是适应现实需要的产物，其建设随当代人的生活需求而变化，这种"时代性"的特征使其处于不断发展的动态过程之中。因此，为满足新的生活需求而引入的新技术与新设施是否会对原有的历史要素造成干扰，新的设施的材质、外观等应该与传统村落的原有风貌达成相对一致性。

基于传统村落公用设施的特征及其历史遗产、现实需要的双重属性，对传统村落公用设施的改造提升宜遵从以下三个原则：

（1）真实性：保护传统公用设施的真实性，包括传统功能使用的真实性、传统建造工艺的真实性以及与村落居民生活联系的真实性。传统设施以满足村落居民生产和生活使用为本质，其产生和建造的功能、位置都具有一定的生产生活因素，因此传统设施的保护应以满足真实的使用功能为主。传统设施的保护修缮应尊重传统建造工艺，优先采用原材料原工艺，尽量维持原使用功能，需增加新设施时，应妥善处理新设施与原有设施之间的衔接关系。

（2）可持续利用：公用设施的改造利用要以可持续利用为原则，设施修缮后仍能够继续延续正常生产生活使用，使用新材料工艺要与传统工艺相结合，能够还原，可以后期继续修缮，并且在未来随着材料技术发展可以继续维修使用，保留住传统设施的核心工艺。

（3）协调发展：通过完善基础设施，提高居民的生活质量，实现村落的可持续发展。核心保护区内的管线（包括电力、给水、污水、电信等）设计可根据实际情况灵活处理，公用设施建设要符合传统村落的实际情况，不能盲目模仿城镇。公用设施改善设计中，应充分利用传统基础设施资源，维护传统村落整体风貌的完整性和一致性。

4 传统村落保护发展中的公用设施改造提升路径

传统设施的传承与利用工作涉及国家文物局、住房和城乡建设部、文化部等多个部门，是一项庞大而复杂的工作。因此，需要理顺工作思路，建立工作平台及机制，从政策上加强对传统设施传承利用的统筹管理，从技术上尝试对传统设施传承利用的不断创新。目前在编制传统村落保护规划时，由于缺乏对传统村落公用设施自身特征的考虑，导致公用设施的规划内容可操作性差，对公用设施的实施建设缺少指导意义。下文从两个层面对基础设施建设提出改善建议，以此保障传统村落公用设施的有效供给。

4.1 加强公用设施建设规范指导，研究符合自身特征的建设标准

从法律法规层面来看，《历史文化名城名镇名村保护条例》和《关于加强传统村落保护发展工作的指导意见》等相关文件中都指出了村落内的公用设施建设活动，须在满足保护规划的前提下进行。目前，传统村落公用设施规划设计依靠城市的建设标准，缺乏适应自身特点的规范标准，为了避免传统公用设施的改造对传统村落造成风貌上的冲击，有必要对公用设施的设计和建设提出要求和制定一系列标准。

例如，北京"十五"期间开展的"北京旧城历史文化保护区市政基础设施规划研究"，并依据此研究制定了《历史文化街区工程管线综合规划规范》（BD11/T 692—2009）。该地方标准提出：市政管线之间水平净距力争满足国家标准，不能满足的，通过采取特殊措施满足行业管理和安全要求。这些特殊措施主要包括采用特殊、新型管材、特殊构筑物和特殊附件等，并确定了历史文化街区市政管线最小水平间距。这些数据突破了国家标准，解决了历史文化街区内建筑密度大、容积率小、街道宽度小等情况下对基础设施的改造，提升了历史街区的人居环境。

4.2 注重传统村落规划可实施性，利用新技术新能源进行设施改善提升

（1）公用设施的可持续性改造技术

基于传统村落整体保护的前提，在保护规划层面对于传统公用与环境设施的改造，应解决传统物质空间与当代使用功能的矛盾，提升原住民的人居环境。针对传统设施的传承与利用，要保护其真实性，以满足生产与生活的使用为基础；以可持续利用为原则，将新工艺与传统设施相结合，保留传统设施的核心工艺，避免将传统设施单纯改造成景观设施。

图12 贵州省某传统村落水系分布图
（来源：《贵州省某村传统村落保护发展规划》，编制单位绘）

例如，贵州省某传统村落选址于地势较高的平坦山谷中（图12），村落沿水系顺山势自由延展，该村原有河道水系与村民日常给水、排水设施息息相关。规划采用"微介入"的方法，对该传统村落进行公用设施提升，改善村民日常必需的给水排水设施。规划针对村庄原有水系进行整治与环境改善，通过保护水源对已污染的水体进行净化，疏浚淤积的水塘和沟渠，对水系缺乏连通的部分增设水渠，使该村水系良性运转。同时整理水系两侧建筑立面和环境空间，修补河道护坡。经过对给水排水设施的改造，村庄形成了自身水资源循环，既达到了改善传统设施从而提高生活品质目的，又实现了资源和设施的可持续性利用（图13、图14）。

（2）公用设施的适应性再生技术

公用设施改善是传统村落保护发展工作中的一个难点，在各层保护规划中对具体问题的解决并不到位，最典型的一点就是历史街巷中基础设施综合管线的布置方式。要在保护历史风貌的前提下完成基础设施改善，而且大部分管线需要采用入地下形式，需要综合考虑管线布置方式、历史街巷的尺度、入地过程对传统建筑基础的影响等。对此应从实际考虑，有选择性地对基础设施进行入地改造，并注意结合设施改善方式。给水、电力、电信等设施对管径要求较小可优先考虑；给水系统中，针对院落与村中水源关系，也可以直接采用传统供水设施，不采用集中供水管网形式；排水系统可以充分利用传统院落和街巷中的原有设施，对传统排水设施进行维护修缮。部分对历史风貌要求不高的街巷中也可以将电力、电信网络架空，直接敷设在建筑外墙，但尽量避免采用电线杆形式。

例如，在福建省某传统村落历史街巷整治改造中，采用市政管网的选择性入地方式进行改造。其主街八二三西路断面尺寸满足容纳各类设施管线，八二三西横路、新亭路及其他小巷，街巷宽度低于2.5米，规划建议电力电信管线架空，给水排水设施管线入地，燃气近期采用分散式液化气形式，远期再考虑接入市政管网（图15）。

（3）现代公用设施生态新能源利用技术

随着生活方式和生产方式的变化，村民对现代化生活方式的渴望越来越强烈，对公用设施的数量和质量的需求也在提高[2]。因此，从历史遗留下来的巨大需求和生活水平提高新增

图13 贵州省某传统村落水系改造对比照片

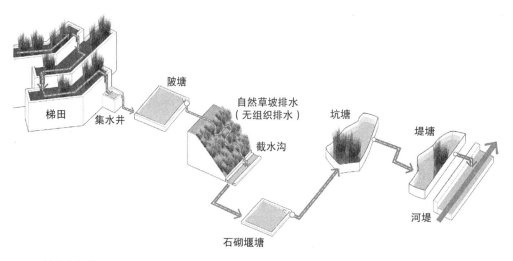

图14 某传统村落水资源循环示意图
（来源：《贵州省某村传统村落保护发展规划》，编制单位绘）

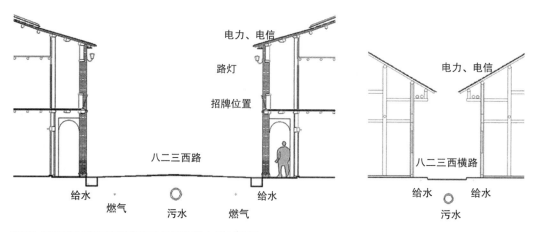

图15 某传统村落历史街巷市政管线改造布置剖面图
（来源：《福建省某村传统村落保护发展规划》）

的需求来看，现阶段传统村落公用设施的供给还是远远滞后于村民的需求，对于传统村落中的现代公用设施，可采用新能源与新技术，提高公用设施的供给效率，多角度、多维度地寻求公用设施建设途径。

新能源一般是指在新技术基础上加以开发利用的可再生能源，包括太阳能、生物质能、水能、风能、地热能等。新能源是环境治理和生态保护的重要措施，也是满足传统村落可持续公用设施发展需要的最终能源选择。在传统村落中，新能源的有效利用，可以和科学技术、农业环境，包括农村经济发展进行有效结合，也可根据各个乡村特点，合理利用太阳能与秸秆气等能源[4]，保证村庄的环境面貌得到更好改善，推动乡村的可持续发展。例如，在太阳能丰富的西北地区，通过合理应用风貌协调的太阳能热水器，光伏一体式屋顶等公用设施，能够减少燃料的使用，保护生态环境质量，而且有效解决村民生活热水与冬季采暖等一系列生活问题。

5 结语

传统村落公用设施普遍面临着"自然性衰败"与"建设性破坏"等现实问题，随之而来的生态环境恶化、人居质量下降等问题已使其成为制约传统村落保护与发展的重要因素，基础设施的改善迫在眉睫。开展传统村落的公用设施改造提升研究，从而使传统设施得到活态保护，解决传统设施保护与现代生活需求的矛盾，对改善传统村落人居环境与保护传统村落特色、弘扬中国传统文化具有重要意义。

参考文献

[1] 住房和城乡建设部. 村庄规划用地分类指南（建村〔2014〕98号），2014.

[2] 汪逸伦. 传统村落当代适应性再生策略研究[D]. 南京：南京农业大学，2019.

[3] 魏成，苗凯，肖大威，王璐. 中国传统村落基础设施特征区划及其保护思考[J]. 现代城市研究，2017（11）：2-9.

[4] 李骁. 传统村落基础设施问题研究[D]. 广州：华南理工大学，2016.

[5] 叶晓文. 南方水乡传统村落道路设施营建技艺及传承实践[D]. 广州：广州大学，2018.

5 浅谈田园小镇与农业发展结合新方式——东方田园

李 菲[①] 高颢诚

摘要 　以沈阳苏家屯东方田园规划方案为论述依据，简要总结"东方田园"概念的设计依据，景观与农业的融合方式体现"山在城中，城在水中，园在城中、田城相融"的最终设计目标，从而达到"东方田园"的社会、经济及生态意义。整合新型的绿色游乐、乡村度假休闲为一体，发挥集团化优势，打造"东方田园梦想家"主题乡村休闲产业园。新型农业的发展，结合城市和乡村的优势来实现乡村振兴和乡村脱贫，解决三农问题。

关键词 　田园；休闲农业；新农业产业；生态农业景观；田园小镇

---

① 李菲：中国建筑设计研究院有限公司，100037，中级职称。

1 田园理论

1.1 田园城市

埃比尼泽·霍华德（Ebenezer Howard，1850—1928）在其著作《明日的田园城市》（*Garden Cities of To-morrow*，1898）中，针对英国快速城市化所出现的交通拥堵、环境恶化等问题，描绘了人与自然和谐共处的理想城市模型。中心思想是将绿色空间作为城市的有机组成部分纳入城市规划体系，融合城市改造和城市发展于一体，借助农村的优点整治城市的弊病，汇总城市和乡村的优点创造城乡结合。主要特征表现为城市四周为农业用地所围绕，城市居民经常就近得到新鲜农产品的供应；土地归全体居民集体所有，使用土地必须缴付租金；农业用地是保留的绿带，永远不得改作他用；人均享有土地面积约760平方米；大型中央公园，等等。

1.2 广亩城市

建筑大师弗兰克·劳埃德·赖特（Frank Lloyd Wright，1867—1959）其著作《正在消灭中的城市》（1932年出版）、在《建筑实录》（1936年出版）上发表的论文《广亩城市——一个新的社区规划》中提出的一种新的社区规划。在建筑方面，倡导以"草原式住宅"为特征的郊区生活，从而使美国国民的生活方式与本土的大地景观交相呼应。在城市方面，倡导由居民个人的"庄园式生活"构成的"广亩城市"（Broadacre City）形态，即一种新的、分散的文明存在形式。主要特征表现为庄园生活的广亩城市：把集中的城市重新分布在一个地区性农业的方格网格上；完全分散的、低密度的生活、居住、就业相结合；每个独户家庭的四周有一英亩（4050平方米）土地，生产供自己消费的食物；用汽车作为交通工具，居住区之间有超级公路连接，公共设施沿着公路布置，加油站设在为整个地区服务的商业中心内。

1.3 根据田园理论的特征总结

田园理论是使宽阔的农田林地环抱美丽的人居环境，把城市生活的优点（便利的交通、基础设施等）同乡村的美丽和福利结合在一起的生态模式。

2 政策分析

2.1 发展方向

根据《中华人民共和国国民经济和社会发展第十四个五年规划纲要》（以下简称《十四五规划》）第七篇中，坚持农业、农村优先发展，全面推进乡村振兴。农业和农村经济的发展方向，持续发展农业现代化，坚持社会主义新农村建设。

2.2 休闲农业

休闲农业以农业为依托，以农村为空间，以农民为主体，以城市居民为客源，能够实现"大农业"与"大旅游"的有机结合，使得城乡互为资源、互为市场、互为环境。

《十四五规划》指出发展县域经济，推进农村第一、第二、第三产业融合发展，延长农业产业链条，发展各具特色的现代乡村富民产业。推动"种养加"结合和产业链再造，提高农产品加工业和农业生产性服务业发展水平，壮大休闲农业、乡村旅游、民宿经济等特色产业。

2.3 乡村建设

《十四五规划》中指出，把乡村建设摆在社会主义现代化建设的重要位置，优化生产、生活、生态空间，持续改善村容村貌和人居环境，建设美丽宜居乡村。

深化农业农村改革，加强农业农村发展要素保障。

2.4 农村脱贫

建立完善的农村低收入人口和欠发达地区帮扶机制，保持主要帮扶政策和财政投入力度总体稳定，接续推进脱贫地区发展。

实施脱贫地区特色"种养业"提升行动，广泛开展农产品产销对接活动，深化拓展消费帮扶。

加大引导和扶持力度，提高农民职业技能和创收能力，千方百计拓宽农民增收渠道，促进农民收入持续较快增长。巩固提高家庭经营收入，努力增加工资性收入，大力增加转移性收入。

2.5 城镇化

坚持走中国特色新型城镇化道路，深入推进以人为核心的新型城镇化战略，以城市群、都市圈为依托，促进大中小城市和小城镇协调联动、特色化发展，使更多的人民群众享有更高品质的城市生活。

3 农业发展模式

3.1 传统观光型农业旅游

以不为都市人所熟悉的农业生产过程为卖点，在城市近郊或风景区附近开辟特色果园、菜园、茶园、花圃等，让游客入内摘果、拔菜、赏花、采茶，享尽田园乐趣。

3.2 都市科技型农业旅游

以高科技为重要特征，在城内小区和郊区建立小型的农、林、牧生产基地，既可以为城市提供部分时鲜农产品，又可以取得一部分观光收入，兼顾了农业生产与科普教育功能。

3.3 休闲度假型农业旅游

主要利用不同的农业资源，如森林、牧场、果园等，吸引游客前往度假，开展农业体验、领略自然生态、垂钓、品尝野味、住宿、度假、游乐等各种观光、休闲度假旅游活动。

4 东方田园概念、目标及优势

4.1 东方田园概念

"东方田园"作为城市发展策略和实施的重要合作伙伴，致力于研究城市环境发展，为解决城乡互动问题而努力。经过研究和探索，"东方田园"提出以人文情怀为核心，诗意栖居为目标，筹划依托东方园林优势的景观苗圃、花卉基地、高尔夫度假等传统优势资源，整合新型的绿色游乐、乡村度假休闲为一体，发挥集团化优势，打造"东方田园梦想家"主题乡村休闲产业园，主要体现为生态农业、旅游、产业集群和生活方式的田园综合体。

4.2 东方田园目标

保护城郊资源，升级城郊环境新模式。引入科学产业模式，推动农业科技发展，运用本土资源环境优势，实现农业种植景观化、农业模式花园化。全面升级城郊农业旅游观光级别，突破传统的农业方式，最大化地引入旅游度假资源新模式。

建设城郊新景观，打造城市生活新家园。以花园式农场、城堡式庄园为运营理念，将城郊农业区打造成田园特色的高端度假家园，通过专业化的特色服务和超低密度的规划建设，创造城市生活的第二家园。

创新体验概念，拓展人居生活新理念。以服务城市人群为核心，打破传统的城市居住和乡村度假模式的固有理念，让城郊新田园生活方式成为当代城市人居生活的一大亮点。

5 案例分析——沈阳苏家屯东方田园规划方案

5.1 苏家屯概况

区位分析：苏家屯区，总面积782平方公里，人口47.4万，地处沈阳南部，位于沈阳经济区"7+1"城市群的几何中心，独占沈辽鞍营和沈本两条城际连接带，是大沈阳新的地理中心，是沈阳连接辽宁中部城市群的重要节点和战略门户。苏家屯处于沈阳新城市规划向南发展的主轴上，是大浑南开发建设的重要发展空间，是浑南主城的重要组成部分。

交通分析：苏家屯距沈阳桃仙国际机场仅2公里，距在建的沈阳南站2公里，距营口港不足百公里，拥有东北最大的铁路货运编组站；长大铁路、沈丹铁路在此交会，哈大客专、京沈客专、沈丹城际铁路由此穿越，沈大高速公路、沈丹高速公路和沈本城际公路、沈营城际公路架构起大沈阳"半小时经济圈"；正在规划建设的沈阳四环、五环绕城高速公路与地铁4号线、10号线贯穿境内，直通沈阳市中心，苏家屯区被誉为沈阳辐射东北亚的"交通要塞"。

地理环境：东部山区属长白山余脉，森林覆盖风光宜人，是冰雪娱乐、农事体验和健身休闲之胜地；西部平原由浑河冲积而成，林水密布，物产丰富，都市型现代农业快速发展；中部城镇产业基础坚实，会展物流商贸业方兴未艾。

规划结构：苏家屯区正在以建设大沈阳临空经济区为战略目标，以浑河商务城和临空国际城"双核驱动"为核心引擎，以"一轴一线两带三区"为基本发展空间，建设东北知名的物流商贸中心、会展商务中心和旅游休闲中心，发展物流商贸业、会展商务业、旅游休闲业、物流配套加工业和都市型现代农业五大新型主导产业，旨在建成"山在城中，城在水中，园在城中、田城相融"的中国北方初具山水特色的现代田园城市。

5.2 场地分析

项目总用地：8600亩（约573.33公顷）。

建筑布局：绝大多数背山面水；位于山前，地势相对较高，避免洪涝；沿水系排布。

水系：从山前汇水口向南注入北沙河；水系分枝交汇处往往形成聚落；

地势：山地景观资源集中于北部；视觉制高点位于东北方向；地势由东北向西南趋于平缓；开阔田野位于南部（图1）。

5.3 规划定位及目标

以东方田园为定位和目标，成为全国休闲农业新模式示范地、区域苗木旗舰中心、沈阳农耕民俗文化旅游新标杆。

定位：打造高端农业产业集群；创造高端农业休闲旅游综合体。

目标：新农业产业基地范本；农业与旅游结合的升级模式。

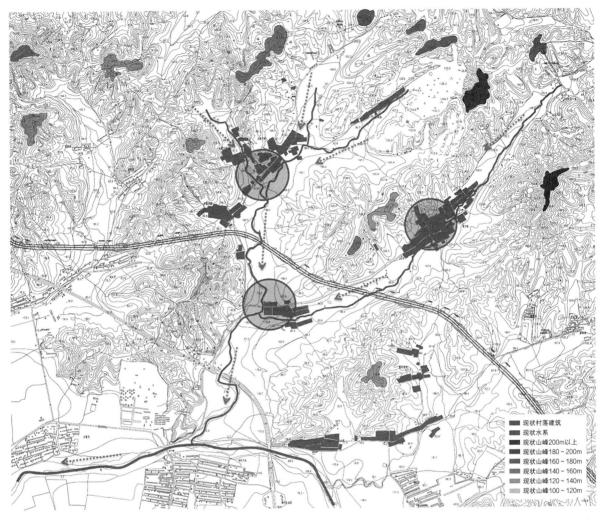

图1 场地分析图

5.4 总体构思及规划方案

总体构思："碧色围城""山水田居"规划方案（图2）

5.5 功能架构

（1）田园生产——传统与创新并举的生产性景观（图3~图5）。

田园生产包括农场式作物生产、温室作物生产、苗圃生产、苗圃培育与研发、苗圃观光与科普教育、艺术苗圃。

农作物生产：利用东方园林巨大的工程自用苗木资源优势，带动行业资源信息整合，正确引导区域苗农构建网络化中心平台，形成区域花卉苗木交易及物流配送中心。引入国际尖端的科学产业模式，推动农业科技发展，运用本土资源环境优势，实现农业种植景观化、农

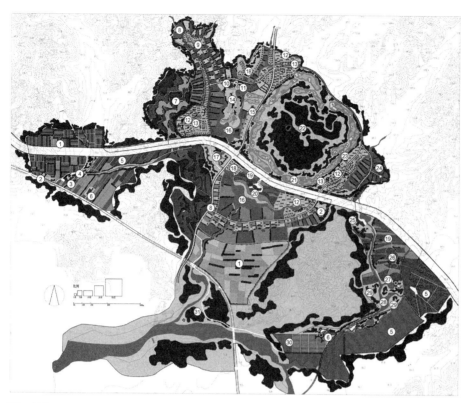

图2 总平面图

1 农业观光区	27 园艺中心
2 马厩	28 户外垂钓区
3 马术俱乐部	29 露营区
4 田园溪流	30 田园温室
5 景观苗圃	31 丛林历险区
6 苗木科研中心	
7 山地花圃	
8 庄园	
9 田园水系	
10 高尔夫会所	
11 田园教堂	
12 田园小镇	
13 田园商业街	
14 高尔夫练习场	
15 田园酒店	
16 中心湖面	
17 中心商业区	
18 田园小墅	
19 田园花海	
20 多功能温室	
21 山地高尔夫	
22 山体森林公园	
23 田园会所	
24 回迁区	
25 漂流体验	
26 观景台	

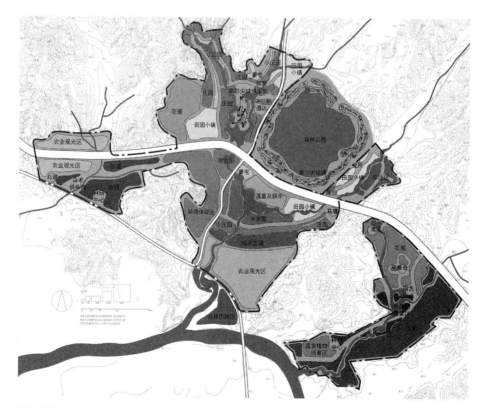

图3 总体功能分区

业模式花园化。

温室作物生产：贸易中心、展示交易中心、户外销售展示、物流特色商业服务等。

艺术化的苗圃生产：利用东方园林巨大的工程自用苗木资源优势，带动行业资源信息整合，正确引导区域苗农构建网络化中心平台，形成区域花卉苗木交易及物流配送中心。引入国际尖端的科学产业模式，推动农业科技发展，运用本土资源环境优势，实现农业种植景观化、农业模式花园化。

苗圃培育与研发、苗圃观光与科普教育：研发中心、基地温室、环境教育基地、试验田、各种新颖植物品种的研发以及种植培育区为特色主题，同时提供论坛会议、教育培训、休闲、娱乐等活动配套设施为园区提供服务。

苗圃与大地艺术：研发中心、基地温室、环境教育基地、试验田、各种新颖植物品种的研发以及种植培育区为特色主题，同时提供大地艺术的展示舞台。

（2）田园休闲——纵情于乡野田间的体验情趣

田园休闲包括采摘、农田观光、农家乐、野外拓展。

休闲区联系方式：通过一条集骑马、自行车或徒步行走功能于一体的骑行观光道，将"田园休闲"部分的功能和景观节点组织串联起来，不仅能解决各功能相对分散的问题，还能形成一个特色鲜明的休闲产业链作为一个整体且统一的营销产品对外推广。

采摘体验：东方田园的农业景观既是社区内部业主的私属财产，也可以定期、分区向社会开放，作为公共活动空间。

（3）山体田园观光

田园度假娱乐：拓展基地、探险森林、野营基地、汽车影院……各种生态休闲的活动置入森林，打造森林童话般的梦幻场景。

（4）花间漂流、露营

（5）田园生活——回归自然的田居生活

包括：建筑总体布局、庄园风情、田园小镇、商业中心、花田婚礼、高尔夫练习场。整体空间概念：华北平原的"集镇—村落"景观格局+点状分布的庄园。主题构思：场地要素+景观营造+居住方式；山居、水居、田居。总体意向：田园新社区。

（6）建筑总体布局形式：参考案例——Lathrop、California

该社区占地1000英亩（1英亩≈4046.85平方米），通过步行和自行车道，与邻近的公园相联系。

庄园风情：参考案例——德国Monschau

田园小镇：参考案例——结婚小镇、Gretna、Scotland

田园小镇：参考案例——Sky、Calhoun County、Florida

步行尺度的生态宜居小镇，商业、居住、办公的用地功能复合，兼具乡土风格和最新节能环保技术的建筑形式，雨水收集及地下水回补。

商业中心——会所：参考案例——University Village、Seattle、Washinton

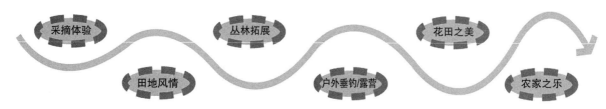

图4 产业链示意图

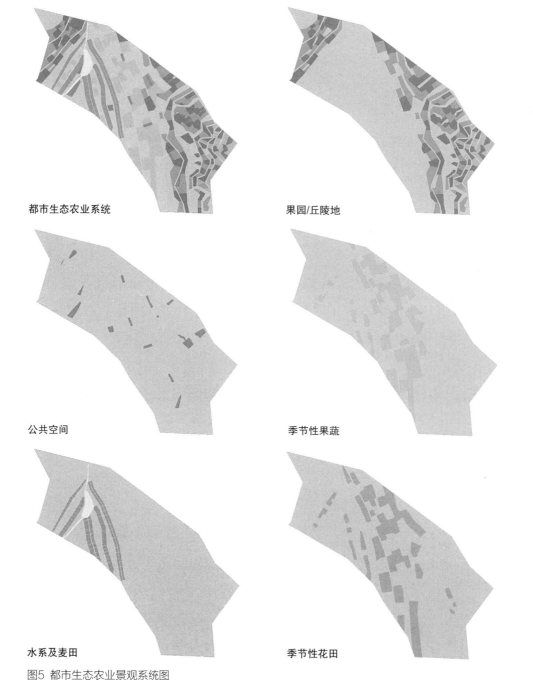

都市生态农业系统　　　　果园/丘陵地

公共空间　　　　季节性果蔬

水系及麦田　　　　季节性花田

图5 都市生态农业景观系统图

该商业零售区紧邻华盛顿大学，占地23英亩（约9.3公顷），是一处开放式的购物中心，近几年的更新建设内容主要包括：

在机动车交通体系的基础上增强了步行系统，增加了林荫道、照明及休息设施；重塑老街区的氛围；场地周边的建筑被重建成一层或两层的临街售卖；建筑围合庭院。

商业中心——酒店：参考案例——Park Meadows Retail Resort、Littleton、Colorado

该商业、娱乐综合体占地100英亩（约40.47公顷），总建筑面积170万平方英尺，设计风格旨在唤醒科罗拉多山脉的山居氛围。建筑材料来自当地树种。

（7）东方田园八大旅游项目布局（图6）

图6 旅游项目布局图

6 结语

通过对案例沈阳苏家屯东方田园的规划方案，体现出东方田园概念的实际应用效果，乡村振兴和农业发展相结合，完善田园综合体的设计思路。

沈阳苏家屯东方田园的意义，主要体现在三个方面：

6.1 社会效益

带动和示范作用：东方田园将为中国农业和农村发展提供崭新的发展模式，在实现田园都市方面起到带动和示范作用；注重苗木产业研究，注重新品种研发和新生产模式的推广，使其始终站在中国苗木产业的最前沿；在国内苗木产业树立示范作用，引导中国苗木产业的发展方向。

加强苗木产业聚集和延伸：苗木产业的兴起可以带动周边运输业、物流业、机械、加工等产业的大发展。通过举办苗木博览会等节会活动，聚集人气、拉动消费、催生商机。

解决"三农"问题：万亩产业园生产和旅游可解决大量农村劳动力，人均年收入可达到两万以上；彻底改变农村环境，促进生态农村建设；带动农业产业结构调整，实现土地增收增效。

促进休闲旅游和文化传承：东方田园将展示和再现当地农业生态系统、农业生产方式、农业景观，展现地方文化内涵和民俗风情，并将地方戏曲、民歌、饮食、服装、民风民俗和农业休闲旅游等有机结合，传承和发扬地方文化。

6.2 经济效益

节省政府景观投入，苗木花卉规模化景观式种植，提升周边景观升级，节约10亿元的田园都市景观投入，实现万亩绿化景观。

提升地价，对区域物业及区域土地价值起到绝对性的价值提升作用，增强区域整体辐射力和竞争力。

增加国内生产总值GDP，苗木产业的循环滚动投资模式，投资强度每年10万/亩，20年累计投资40万元/亩，带动了其他相关产业投资。

增加税收，建立苗木交易市场，依托东方园林苗木需求优势，形成东北苗木集散交易中心，预计年交易量10亿元以上，可实现税收亿元以上；大田景观和生态旅游项目，每年吸引近100万人次的游客，可实现旅游收入3个亿，增加税收3000万元。

6.3 生态效益

基本生态效益：吸收二氧化碳，改善空气质量，涵养水源；减轻噪声污染；实现可再生能源的开发与废弃物的综合利用。

绿色设计策略：因地制宜的布局，通过融合森林、河道、山丘、湖泊、农田、山谷，提供多层次的生态廊道，创造了一个完善的生态系统，提供了富有自然和田园特色的诗意生活和休闲体验。

田园绿洲模式，采用"田园包围组团"的田园绿洲模式，有效地分离各组团，形成"绿色环绕建设地块"的图底关系。

雨洪管理系统，引入大量滨河绿带以及雨水过滤与回渗区域，旨在摒弃传统的混凝土泄洪渠，并以宽阔、软质的绿色植栽边坡取而代之。在雨季，雨水缓慢流过栽植区域并回渗入地下，减少水土流失，创造绿荫掩映的休闲滨水空间。从周边各个邻里区、街道和建筑屋顶收集来的雨水注入水渠，并汇集在中央景观调蓄湖中，蓄积的湖水可以由场地上的泵房提取后供给社区作为景观灌溉和冲洗铺装用水，真正实现水资源的集结、再生和利用，形成显著的生态效益和经济效益。

参考文献

[1]（英）埃比尼泽·霍华德. 明日的田园城市[M]. 北京：商务印书馆，2010.

[2] 弗兰克·劳埃德·赖特. 正在消灭中的城市[M]. 1932.

[3] 王磊. 对田园综合体建设的若干思考[J]. 国土资源，2017，34（8）.

[4] 王锐，王仰麟，等. 农业景观生态规划原则及其应用研究——中国生态农业景观分析[J]. 中国生态农业学报，2004，12（2）.

乡村振兴视角下农村土地利用规划研究

殷德平[1] 杨吉通[2]

摘要　为了促进农村的科学长远发展，"十九大"在新时期提出了乡村振兴战略的重大决策，这对农村土地利用提出了更高的要求。从以往的经验来看，要实现农村土地合理利用，必然离不开村级土地利用规划的指引，这就需要加强村级土地利用规划编制与实施工作。目前，我国的村级土地利用规划研究起步较晚，发展缓慢，研究成果较少，并且以前的村级利用规划已经无法满足新时期的要求。在这样的形势下，本文通过文献等资料和理论研究，分别从法律法规、规划内容、规划定位和村民参与度四个方面分析了目前农村土地利用规划存在的主要问题，探讨了乡村振兴战略中提出的关于农村土地利用的新要求，包括对于农业用地、建设用地及生态用地的具体安排，阐述了乡村振兴视角下农村土地利用规划的主要内容，并且针对村级土地规划提出了一系列的具体可行措施。

关键词　乡村振兴；农村；村级土地利用规划

---

[1] 殷德平：中国建筑设计研究院有限公司，工程师；邮编：100044；E-mail: yindp@cadg.cn；地址：北京市西城区车公庄大街19号。
[2] 杨吉通：中国建筑设计研究院有限公司，助理工程师；邮编：100044；E-mail: yangjt@cadg.cn；地址：北京市西城区车公庄大街19号。

1 引言

随着"十九大"报告提出乡村振兴战略,编制施行村级土地利用规划工作便成了一项迫切的任务。在农村地区开展土地利用管理、合理调整各类农村用地的布局、增加公共设施用地等,都离不开对村土地利用规划编制的完善。当前,虽然我国已经形成了五级规划体系,也一直加强土地规划管理手段,但是农村地区的土地管理仍然存在很多问题,比如建设用地布局散乱、土地利用粗放、宅基地违法问题大量存在,耕地保护红线受到冲击。这些问题产生的原因是乡(镇)土地利用规划在村这一级别还没有得到重点关注。农村土地利用规划编制就是安排好农村土地中的各类土地用途和布局,并且有所侧重。积极落实上一级规划中规定的各类用地指标、用地规划,并严格保护耕地及永久基本农田,提高农村土地的高效利用。本文在乡村振兴战略实施的大背景下,结合其他人的研究成果,就当前村级土地利用规划中存在的问题进行分析,探讨了可能的保障村级土地利用规划的顺利实施措施,为今后村级土地规划的制定提供了建议。(图1)

图1 乡村鸟瞰

2 当前农村土地利用规划存在的主要问题

2.1 相关法律不完善，理论研究不足

按行政级别划分，我国目前的土地利用总体规划体系分为全国、省（区）、地（市）、县（市）和乡（镇）五个层次，规划管控技术一直加强，但是农村用地结构散乱、粗放利用比较普遍，宅基地违法问题大量存在，耕地保护红线受到冲击。导致这些问题的一个重要原因是乡镇土地利用规划没有延伸到村这一级，村级土地利用规划并不在国家规定的五级土地利用总体规划的范围内。目前，我国农村土地利用规划的法律法规都十分缺乏。目前，村级土地利用规划编制只在我国小范围内开展，只有部分省市参与了试点研究。从已经开展试点的各个地区情况来看，效果并不是太好，还存在许多问题需要改善。农村土地利用规划的制定缺乏理论支撑和成功经验借鉴及法律依据，相关法律法规和理论研究还亟待完善。

2.2 农村级土地利用规划内容不统一，规划弹性考虑较少

目前，村级土地利用规划编制的主要内容存在较大的争议性，并且试点的村镇土地利用规划的主要内容也存在较大差异。其中的原因有很多，农村地区广大，不同地区的自然环境存在不同特征，社会经济发展的水平也存在差别。随着时间的变化，政策也随之变化。虽然目前的土地利用总体规划强调的是建设用地的空间控制，但土地的空间范围和位置的确定仍然受到刚性指标的限制。在土地利用区划条例中，很难明确建设用地结构调整的相关规定。对现行土地利用规划的调整和修订，关于村级建设项目尚未明确。目前来看，村级土地利用规划是对上一级乡级土地利用规划的细化，落实其具体指标和安排。总的来说，目前的村级土地利用规划刚性过度，弹性不足。

2.3 村级土地利用规划工作定位不清、科学性不足

在我国的土地利用规划体系中，村级土地利用规划是最基础的一种土地规划类型。目前，我国村级土地利用规划的工作定位不够清晰，乡村的规划建设还处于自然演进的发展模式中。有的学者认为，村级土地利用规划是乡镇土地利用规划的延伸与细化，属于详细规划的一种；也有的学者认为，村级土地利用规划应该单独作为一级规划，并且要纳入我国的土地利用规划体系中，作为对当前土地利用规划的完善；然而有的学者认为，村级土地利用规划和市县级土地利用规划的内容相似，可以将其与市县级土地利用规划体系合并。目前，在村级土地规划与其他土地规划中还存在矛盾与冲突之处，不同的规划职能之间也没有明确界定，规划的"空缺"和"越位"现象尚不清楚。

与此同时，各计划之间也存在着重叠的内容，缺乏衔接和协调[3]。

近年来，大部分的村庄缺乏科学合理的规划，缺乏有效的分类指导和约束，存在不协调的问题，在空间上也缺乏整体性。一些地方的村庄布局都没有政府的限制，由村民自由安排，农民建房都是自己设计，缺乏科学性。村庄中的基础设施、公用设施也严重缺失，甚至农村违法、违章建筑有增多的趋势，这些都成为制约农村土地利用规划健康发展的阻碍。部分经济相对落后的村庄，由于财政资金不足，村镇建设规划经费较少甚至没有经费，导致村级土地利用规划编制完成难度较大，需要通过针对性较强的政策扶持来提高。

2.4 村镇级土地利用规划村民参与度太低

根据国家相关法律法规，村民委员会自主进行村庄范围的生产、生活与土地资源利用。村民委员会自行组织编制村级土地利用规划，各级人民政府提供指导、协调和监督。然而，从目前村镇规划的现实情况来看，村级土地利用规划工作由政府主要负责，村民委员会及其他社会力量参与较少。虽然许多的基层单位都建立了"一核多元"的基层治理机制，但在村镇利用规划建设中对于村民群众意见采纳较少，同时村民对于规划编制也不积极，还存在村级土地利用规划的推广不足和实施困难、多元主体参与不充分等客观问题。以后的村镇规划工作需要多鼓励社会参与，多依靠社会力量，充分利用农村当地的资源。同时，还能降低村级土地利用规划发展过程中对国家的过分依赖。

3 乡村振兴对农村土地利用的要求

3.1 对农用地利用的要求

按照村级土地利用规划，严格执行对耕地和永久基本农田的保护任务。可根据村庄的实际情况，参考国家的相关文件要求，细化耕地和永久基本农田配套设施安排。明确村级土地利用规划中产生的误差来源，因为前期调查采用了大比例尺，导致了规划区资料精度较低。若在永久基本农田图斑数据的范围中有非农建设用地或者零星其他农用地，在村级土地利用规划中应该将上述的两种土地类型修复整治，重新变为耕地。若在规划期内无法将其修复整理，需要保持现有的状态，但是不能增加其面积。结合农业生产需求，合理确定用于农业生产的园地、林地、草地、水域等其他农业用地规模。

3.2 对建设空间利用的要求

（1）宅基地安排

对于农村宅基地的布局，要遵循方便居民使用、优化居住环境、体现地方特色的原则，根据不同的住户需求和住宅类型，综合考虑道路交通设施、公共服务设施、基础设施等要求，优化农村宅基地布局。村庄内部的交通规划应集中细化布局，并且加强宅基地的具体安排。根据交通现状和设施建设情况，提出现有道路设施的修建和改造措施，对新建道路，应明确用地规模和布局。宅基地的开发强度、建筑高度以及建筑风貌等内容。根据村庄的具体情况开展，因地制宜，也不可强硬推行。按照村级土地利用规划，一步步引导村庄宅基地选址的适度、有序、集中。按规划要求，合理确定村庄宅基地的标准。严格实施"一户一宅"的政策，各省（区、市）中规定的宅基地管理办法，合理确定村庄宅基地用地面积标准及规模。对于新审批通过的宅基地规划，应该将其限制在指标范围内，首先使用村庄内闲置的土地和未使用的土地。（图2）

（2）经营性建设用地安排

按照新时期的规划目标，进一步优化村庄的经营性建设用地布局。引导工业生产用地向园区集中，确有搬迁困难的，可以保留但不得扩大用地范围。明确经营性建设用地合理规模。根据自然条件、历史沿革和发展需求，充分考虑宅基地、公共服务设施用地、景观与绿化用地比例关系，合理确定商服、工业、仓储等经营性建设用地规模。编制实施经营性建设用地的管制条例。结合村域实际，明确商服用地、工业生产用地、仓储用地等容积率标准和建筑要求，制定经营性建设用地调整管制规则。对于入市试点地区的集体经营性建设用地，可在规划中适当增加安排入市用地。

图2 宅基地规划

（3）公共服务设施及道路交通用地安排

以村庄的定位和地理区位条件为基础，结合村庄的人口数量，估算村庄所需配置的公共服务设施，合理配置公共服务设施用地，比如村庄文娱中心、学校、村民委员会等。

根据村庄目前的交通情况，结合上级土地利用规划的要求，合理布局村庄内部道路和交通用地以及村庄内部与外部的连接。实现村庄内外部连接就是要安排村庄道路连接外部的公路和高速公路，这对合理规划交通用地有着重要意义。同时还需要细化村庄内部的道路等级、公交路线等，促进村民生活的便利。（图3）

（4）基础设施及绿化用地安排

通过分析村庄的总体结构，按村民的生产生活需要，合理布局村庄的基础设施，包括村庄的供水设施、供电设施、通信设施等。还需要细化一些基础设施的标准，比如雨水污水管道的走向。规划绿化用地时，要明确其布局和规模，已达到人与环境的和谐，实现村庄中绿化用地的合理分布。同时，结合村庄的特色特点，实现绿化用地和村庄的环境互相融合。规划还需要进一步细化，确定建筑设计、绿化植物的种类以及公共活动空间、主要街巷对于绿化用地要求。

3.3 对生态空间保护的要求

首先要规范生态用地的规模和结构。将两类土地划入生态用地，第一种是国家规定的生态用地，其主要是用于提供生态方面的产品和

图3 乡村道路

图4 和谐生态

服务；第二种是村民自愿划入的生态用地，其主要是有利于村庄的人与自然的和谐。其次是要加强生态用地管制规则的制定和实施。不得随意改变一些生态极其脆弱地区的用途，不得改变有不可替代的生态用途区域。严格控制其他一般生态用地的开发和利用。在一些条件允许的地方，也可以按照国家的要求和当地的自然环境情况，制定科学、合理的具体规划。（图4）

4 乡村振兴视角下农村土地利用规划保障实施的措施与建议

4.1 制定农村土地利用规划相关的法律

在目前的情况下，关于村级土地利用规划的法规政策缺失造成了农村土地利用缺乏指导的局面。因此，制定农村土地规划相关的法律规定是十分紧迫的，并且对已有的条例还需要做出修改和调整，以满足日益变化的农村土地利用情况。部分地方已制定了村级规划的法律法规，但其实行的效果也无法保障。同时，地方的各级政府也应该积极响应国家的政策，逐步完善村级土地利用规划的法律法规以及我国的土地利用总体规划体系。

4.2 加强农村土地利用规划的行政措施的执行

首先是严格实施耕地占补平衡制度。非农建设用地实施占多少补多少，对耕地的数量和质量进行等级转换补充，以防止耕地数量减少或者耕地质量下降。占用耕地的单位和个人无法实现补充的，必须足额支付耕地的开垦费用，不能在本地进行补充，可以在其他的地方实现补充。接着还要严格实施建设用地预审制度。其次是建设用地的预审要严格执行，对于不符合规划的项目以及没有获得农用地转用指标的项目不得批准通过。最后要严格执行土地用途管制制度。核心是依据土地利用总体规划对土地用途转变实行严格控制，严格按照土地用途管制的要求利用土地资源，实现土地资源的合理配置，从而保证耕地数量的稳定。

4.3 强化村级土地利用规划的经济保障措施

一要强化土地市场体系。提高市场的调配功能，对土地市场的管理制度进行改革优化。建设经营性用地应当一步步实行有偿使用，逐步采取招标、拍卖、出租等方式。二要完善土地收益分配改革土地收入分配制度，对积极集约利用的行为给予奖励。在城市建设中有偿使用存量土地的收益用在城市的基础设施建设中。新增加建设用地的全部收益，应当作为专项资金留在城市，不允许其他的单位和个人挤占挪用。同时，鼓励旧城区积极进行改造，节约集约地利用土地，注重土地利用的质量。

4.4 完善村级土地利用规划社会保障措施

首先，建立公众参与制度修编土地利用规划要遵循公开公平的原则，多采纳吸收公众的意见和建议，保证规划的透明、科学及可实现。在基本农田，土地整治区等区域划定的时候，要充分采纳大众的意见，保护广大农民的利益，扩大大众参与的最大范围，提高土地利用的效率。其次，建立规划公示制度在公告、网站、电视、报纸等媒体上公开村级土地利用规划的结果，让普通民众了解到规划中各种用地的布局调整和具体地块的调整。

4.5 提升村级土地利用规划的技术方法

第一，建立村级土地利用规划管理的信息系统。在村级土地规划前，调查人员使用GPS和RS技术收集农村土地资源信息和数据，并对收集的数据进行整理；在村级土地利用规划时，技术人员再使用GIS将指标分化到在每个图斑中。第二，构建规划实施动态监测体系。采用多种遥感结合、多种调查方法结合的融合技术手段，按照监测出来的实际情况与规划指标的对比，实现动态监测。第三，提高规划人员的专业水平。我们应加强对于村级土地利用规划的理论研究，促进科学的规划和管理发展,加强对于规划人员的专业知识和技术培训,提高他们的专业素质和技术能力,并进行系统的岗位培训和规划人员上岗的过程。

5 结语

乡村振兴是社会实现共同富裕的重要条件,它关系到亿万农民的生活,关系到整个社会的稳定发展。广大农民安居乐业,社会才能安定有序。乡村振兴战略,为实现共同富裕,为实现中华民族的伟大复兴奠定坚实的基础,具有重大的历史性意义。

| 参考文献 |

[1] 李鸣艺. 土地利用规划环境影响评价若干问题探讨[J]. 中小企业管理与科技旬刊,2019.
[2] 吴倩雯,况润元,张刚华,等. 东江源稀土矿区土地利用变化遥感监测研究[J]. 测绘科学,2019,44(3):6.
[3] 鞠洪润,左丽君,张增祥,等. 中国土地利用空间格局刻画方法研究[J]. 地理学报,2020,75(1):17.
[4] 宋戈,王越,刘馨蕊. 松嫩高平原土地利用格局优化模式建构研究[J]. 经济地理,2019(9):7.
[5] 董金玮,吴文斌,黄健熙,等. 农业土地利用遥感信息提取的研究进展与展望[J]. 地球信息科学学报,2020,22(4):12.
[6] 张双双,靳振江,贾远航,等. 岩溶地区不同土地利用方式土壤固碳细菌群落结构特征[J]. 环境科学,2019,40(1):9.

7 浅谈暖通节能技术在传统村落中的应用

冯 薇[①]

---- **摘要**　　目前全球全面爆发能源问题，能源短缺给人们的生活带来了很大的影响。建筑能耗在全球能源消耗中占较大比例，并且暖通系统消耗占建筑能耗比例约40%～50%。目前城市新建建筑均已要求采用各种节能措施进行设计，但是村镇住宅节能研究同样具有重要的意义。伴随国家政策，许多节能环保技术已经开始在农村大规模的使用。暖通节能技术的应用，对于传统村落建筑的节能改造，环境保护、居住环境均起到很好的改善作用。

---- **关键词**　　节能；环保；传统村落；暖通

---

① 冯薇：中国建筑设计研究院有限公司，工程师；E-mail：825052997@qq.com。

1 引言

"力争2030年前二氧化碳排放达到峰值，努力争取2060年前实现碳中和"是我国推动高质量发展和能源转型的重要举措。到2030年，中国单位国内生产总值二氧化碳排放将比2005年下降65%以上，非化石能源占一次能源消费比重将达到25%左右，森林蓄积量将比2005年增加60亿立方米，风电、太阳能发电总装机容量将达到12亿千瓦以上；风能和太阳能与建筑相结合，实际也给建筑节能提供了很好的解决措施。

2 传统村落供暖及空调现状

严寒和寒冷地区传统村庄的居住建筑主要为单户独栋建筑，以单层及二层建筑为主。平原地区的农村居住建筑一般较集中，而山区、丘陵地区的比较分散。建筑面积和院落面积较大，建筑面积大部分约为80~150平方米，院落面积约为200~500平方米。主要结构形式多为砖混结构，大部分房屋的围护结构没有设置保温层或只有很薄的保温层，未经过节能计算。对于农村居住建筑，冬季室内温度普遍偏低，而且温度波动较大，白天温度高，夜晚温度明显降低，且不同的建筑由于高度形状的差异，室内温度差距也较大。

严寒和寒冷地区村庄的主要采暖形式为火炕采暖、土暖气采暖及自制火炉采暖，主要以煤炭和农作物稻秆作为主要燃料。火炕为北方地区居民的一种传统采暖设施，是一种利用炊事的炉灶产生的烟气在炕洞内流动，使炕面温度升高的采暖方式。火炕采暖在燃烧过程中非常容易引起煤气中毒，造成人身伤亡，燃料燃烧产生的烟气对环境也存在污染。火炉采暖是依靠燃料直接燃烧产生的热量直接供给采暖设备，所用燃料主要为煤炭和农作物。火炉主要依靠人工填充燃料才能持续产生热量，在夜间燃料烧尽不能及时补充时室内温度会急剧下降，燃料产生的烟气也会造成环境污染。

3 "煤改电"及"煤改气"技术在农村的应用

2017年8月,环保部针对严重雾霾污染的京津冀地区,出台了《京津冀及周边地区2017—2018年秋冬大气污染综合治理攻坚行动方案》,要求该地区相关部门对污染严重的问题进行及时治理。"煤改电"和"煤改气"工程的实施,能够有效促进节能减排。北京市农委发布的《北京市2016年农村地区村庄"煤改清洁能源和减煤换煤"相关推进工作指导意见》,对热源设备选型明确提出:原则上各区严禁使用"直热式"电取暖设备,鼓励使用"多能联动、多热复合、多源合一"等多种设备相融合的低温空气源等,对平原地区村庄要引导居民使用能效(COP)较高的空气源热泵。

"煤改电"实际上是指以清洁采暖设备替代传统的家庭燃煤锅炉。目前,我国"煤改电"工程主要采用三种清洁采暖设备:(1)蓄热式电暖器;(2)水源/地源热泵;(3)空气能热泵。空气源热泵在华北地区作为主要采暖设备进行改造。空气源热泵利用逆卡诺原理,以极少的电能,吸收空气中大量的低温热能,通过压缩机压缩后变为高温热能热水之后输送到室内末端。室内末端系统可以采用散热器、低温地板辐射采暖、暖风机等各种形式。空气源系统安装控制简单,污染性小,室外机占地位置小,可设置在室外院落或者屋顶,建筑投资成本较低。空气源热泵每消耗1千瓦的电量能转化成4千瓦的热量,运行成本较低。空气源热泵系统具有高效节能、绿色环保、安装灵活、使用方便等优点,政府对电价的补贴优惠政策,使空气源热泵改造广受好评。(图1)

"煤改气"作为我国控制环境污染的战略

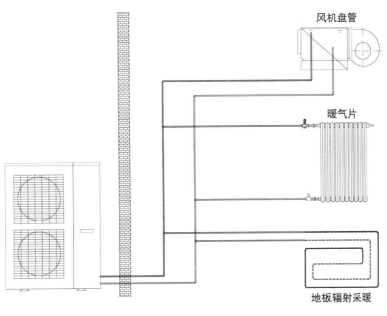

图1 煤改电示意图

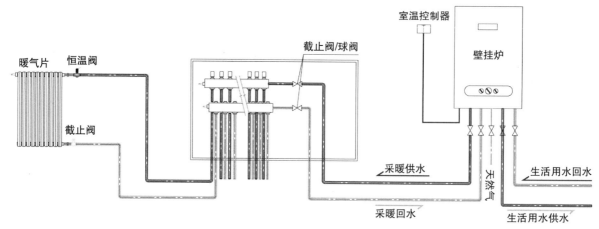

图2 煤改气示意图

决策之一,燃气作为清洁能源,在本次农村改造过程中也得到了广泛应用。在改造中主要运用设备为家用燃气壁挂炉。燃气壁挂炉供暖原理是以燃气、人工煤气或液化气作为燃料,燃料经燃烧器输出,在燃烧室内燃烧后,由热交换器将热量吸收,采暖系统中的循环水在途经热交换器时,经过往复加热不断将热量输出给建筑物,为建筑物提供热源。一般的燃气壁挂炉除了具有供暖功能,兼具热水功能(即除了供暖外,还具备燃气热水器的功能)。但是在推进清洁能源供暖的同时,能源供应是个重要问题。我国天然气等清洁能源短缺,2017年天然气对外依存度是38%,2018年上半年提高到43.3%。加上农村地区电网条件普遍较差,清洁能源供需矛盾日益凸显。随着在"煤改气"实施过程中引发的气荒、安全事故、补贴难到位、居民用不起等各种问题的接踵而来,一直饱受争议的"气改"工程的处境越发尴尬了。(图2)

4 光伏能源系统的应用

除以上描述的空气能及燃气外,太阳能为清洁安全、无污染、可再生的能源,太阳能为一项环保工程,经济效益十分显著。随着太阳能光伏产业的发展,部分农村建筑在屋顶敷设光伏板,光伏板和建筑结合后,也给建筑节能提供了很好的解决措施,不仅能发电,在屋面上安装也起到了隔热和遮阳的作用,有效减少了建筑负荷。而发电自用是最好的利用途径,通过直流变频及机载逆变等措施,有效降低了光伏直驱空调系统的初投资,提高了推广的可行性,具有良好的经济效益与社会效益。(图3、图4)

图3 屋顶敷设光伏发电板

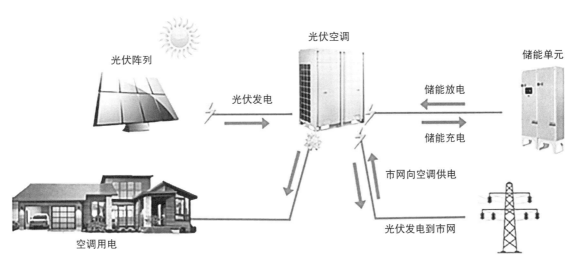

图4 光伏空调系统

4.1 光伏空调工作模式

（1）非馈网工作模式

①纯空调工作模式：当光伏发电系统不工作时，空调主机向公共电网取电运行的工作模式。此时的系统相当于一个普通多联机空调系统，冬季供暖，夏季供冷。

②光伏空调工作模式：当光伏发电功率等于空调主机耗电功率时，光伏发电系统所发电能刚好全部用于空调主机运行的工作模式。

7 浅谈暖通节能技术在传统村落中的应用

③混合供电工作模式：当光伏发电功率小于空调主机耗电功率时，光伏发电系统所发电能不足以满足空调主机运行，需要从公共电网补充部分电能的工作模式。

（2）馈网工作模式

①纯光伏发电工作模式：当空调主机不工作时，光伏发电系统所发电能全部向电网送电的工作模式。此时的系统相当于一个小型分布式光伏电站。

②余电上网工作模式：当光伏发电功率大于空调主机耗电功率时，光伏发电系统所发电能优先满足空调主机运行，多余电能向公共电网发电的工作模式。

4.2 光伏直驱空调与常规空调系统投资比较

结合光伏空调与市场常规空调形式，对于光伏直驱与常规空调系统及安装逆变器后使用空调的系统进行对比，对比如表1所示：

由表1可知，比较光伏直驱空调与常规光伏发电+普通多联机系统，两者投资差别不大，且两者与常规空调系统相比，具有深远的经济影响与社会意义。

4.3 常规空调与光伏空调全生命周期对比

光伏平价上网时代已经到来，投资理财需求不再成为主流。住建部发布的《绿色建筑"十三五"规划》中提出2020年绿色建筑要超过50%，要逐年提高，最后达到100%。如果达不到建筑就不能建，所以增加这个分数非常重要，此节能改造项目所选用的光伏及直驱空调设备非常契合绿色建筑的评价标准。

光伏直驱与常规空调系统对比　　表1

序号	项目	常规多联机空调系统	常规光伏发电+普通多联机系统	光伏直驱空调系统
1	室内机系统	普通室内机系统	普通室内机系统	普通室内机系统
2	室外机	常规室外机	常规室外机	室外机可直接与光伏输出直流电连接
3	光伏输出稳压、并网逆变、变频整流等相关环节	无此部分投资	需光伏输出稳压、并网逆变、变频整流等环节	
4	光电能中间转换发电量损耗	无	8%	
5	光伏系统	无	普通光伏组件	无
6	设备节能性	全年综合能效比约3~3.5	光伏转化有能力损失	可以实现零能耗

5 结语

从人类应用能源结构形式分析,"开源""节流"具有重要意义,通过节能新技术的应用实现现有能源"节流",同时"开源"显得更为重要且更具有历史意义。通过清洁能源代替传统煤炭、燃料是必然趋势。空气源、太阳能的应用具有良好的经济效益与深远的社会环境效益,符合绿色可持续发展理念。从社会、经济、技术等多个角度来评估,光伏空调系统是切实可行的,且可操作性强,具有良好的实践价值。

参考文献

[1] 武明皓,李静宜. 煤改电项目中空气源热泵系统分析[J]. 区域供热,2022（01）.

[2] 冉龙飞. 农村"煤改气"工程相关问题及解决措施[J]. 城市燃气,2018（12）.

[3] 陈尔健,贾腾,姚剑,代彦军. 太阳能空调与热泵技术进展及应用. 华电技术,2021（11）.

[4] 葛保威. 北方农村住宅供暖现状调研与分析[J]. 区域供热,2021（04）.

8 太阳能加天然气复合能源采暖系统在北方农村的适应性分析

魏越美[①]

摘要   本文首先介绍了农村居建节能减排在实现"碳达峰、碳中和"（以下简称"双碳"）进程中的重要性；详细叙述了太阳能加天然气能源复合采暖系统的设备构成及工作原理；通过分析太阳能采暖背景、发展历程及分布现状，分析了复合采暖在北方农村地区相对于单一的太阳能采暖、天然气采暖、电采暖的优势；从经济、技术角度出发，分析太阳能加天然气复合采暖大面积推广时面临的难点。

关键词   农村居建；太阳能加天然气采暖；碳达峰；碳中和

---

① 魏越美：中国建筑设计研究院，暖通助理工程师，邮编：100000，E-mail: 2245865926@qq.com。

1 引言

2020年9月22日，国家主席习近平在第七十五届联合国大会一般性辩论上发表重要讲话，指出要加快形成绿色发展方式和生活方式，建设生态文明和美丽地球。中国将提高国家自主贡献力度，采取更加有力的政策和措施，二氧化碳排放力争于2030年前达到峰值，努力争取2060年前实现碳中和。

2021年3月15日，习近平总书记主持召开中央财经委员会第九次会议并发表重要讲话强调，实现碳达峰、碳中和是一场广泛而深刻的经济社会系统性变革，要把碳达峰、碳中和纳入生态文明建设整体布局，拿出抓铁有痕的劲头，如期实现2030年前碳达峰、2060年前碳中和的目标。

2 绿色建筑在实现"双碳"进程中的重要性

目前，我国取暖方式多种多样，不同清洁取暖方式适用于不同条件和地区。理应根据所涉及热源、热网、用户的各个环节，分区域讨论清洁供暖的方式：应科学分析、宜气则气、宜电则电、宜煤则煤、宜集中供暖则管网提效、宜建筑节能则保温改造。

据中国建筑节能协会能耗统计专委会发布的《中国建筑能耗研究报告2020》中提到，2018年全国建筑全过程能耗总量为21.47亿tce[①]，占全国能源消费总量的46.5%，建筑全过程碳排放总量为49.3亿tce，占全国碳排放总量的51.3%。2018年全国建筑运行阶段能耗总量为10亿tce。其中，农村居建占建筑能耗2.38亿tce，占全国建筑运行阶段能耗总量的24%。2018年全国建筑运行阶段碳排放总量为21亿吨二氧化碳，农村居建碳排放占全国建筑运行阶段碳排放总量的21%。（图1、图2）

在《2021中国建筑能耗与碳排放研究报告：省级建筑碳达峰形势评估》中，北方采暖地区碳排放总量大于非采暖地区碳排放总量。2019年北方采暖地区碳排放总量为12.34亿吨二氧化碳，是非采暖地区碳排放总量的1.4倍。

---

① tce：吨标准煤当量，余同。

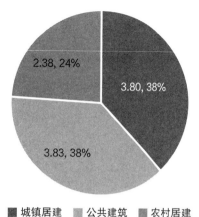

图1 城镇居建、公共建筑、农村居建建筑能耗总量及占比

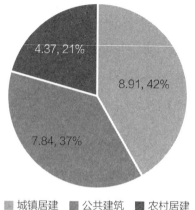

图2 城镇居建、公共建筑、农村居建建筑碳排放总量及占比

对于北方农村而言，降低采暖能耗，大力发展绿色农村居建、创新农村居建用能方式等是助力实现"双碳"目标的重要途径。

3 暖通空调技术在发展绿色农村居建、创新农村居建用能方式中的应用

从2017年起，北方开始使用天然气采暖或者电采暖。绿色建筑的整个使用过程都与暖通空调系统有关。清洁采暖仅仅改善供能结构是不完整的，而是要降低能源消耗、节约能源。

绿色建筑，首先要改善室内的生态环境。改善室内的生态环境必须要合理控制太阳辐射和自然通风。农村居建若能根据天气条件调节房屋太阳得热、设计有组织的自然通风条件，就能从根源上降低冬季采暖化石能源消耗。目前，我国暖通空调技术正趋向能源多样化。通过节能技术运用，可降低暖通空调运行能耗，缓解电力紧张问题。光伏建筑一体化技术是光伏太阳能技术与建筑设计的有机结合，使建筑物能够为光伏太阳能技术提供更多的载体，进一步缓解电力紧张问题，实现低碳发展。

4 太阳能供热系统

太阳能作为可再生能源，资源丰富，既可以无限使用，又绿色环保，避免了矿物质燃料对环境的污染。太阳能作为一种取之不竭的能源，已在20世纪80年代的欧洲国家大规模应用于供热技术。

2008年，为扩大农村消费、促进内需，我国颁布"家电下乡政策"。趁着"家电下乡"政策的东风，太阳能热水器迅速占领农村家用热水器市场，并在2012~2014年到达顶峰。但是仅仅利用太阳能提供生活热水，利用率较低。随着太阳能热利用技术的日渐成熟，太阳能供热应用越来越广泛。太阳能热水技术与太阳能供热系统在工作原理、供回水温度、压力

等方面差异较大,因此,太阳能供热系统并不是简单地把太阳能热水系统扩大化。

太阳能采暖[1]——一种利用太阳能集热器收集太阳辐射并转化为热能供建筑物采暖使用的技术。由于太阳能的能量密度较低,要满足采暖需求,必须要求有较大的集热面积。在城镇化多层住宅内,太阳能采暖受到限制。然而,农村住宅建筑容积率低,遮挡较少,非常适宜太阳能采暖技术的推广。

太阳能作为丰富的可再生能源,在分布式供暖需求中的优点极为明显:不需要长距离运输,节省了运输过程中的能量消耗;不产生二次污染;运行费用低。

我国有丰富的太阳能资源,三分之二以上地区的年太阳辐射量超过每平方米5000兆焦耳[2]。西藏山南浪卡子县城太阳能集中供暖项目采用先进的太阳能集热、蓄热及低温供热技术,因地制宜地制定高寒、高海拔地区的"清洁采暖解决方案",是世界上第一个太阳能实际运行保证率达到100%的大型太阳能集中供热项目,成为全球大型太阳能集中供暖的标杆。

《2020中国太阳能热利用行业运行状况报告》显示,2020年新增太阳能供暖面积突破1000万平方米,新增用于供暖的太阳能集热器面积为245万平方米,新增建筑供暖面积1225万平方米。累计用于供暖的太阳能集热器面积为330万平方米,累计建筑供暖面积1650万平方米。

太阳辐射强度容易受到受季节、地点、气候的影响,不能维持常量。石金凤以桃李坪村为例,运用动态年计算费用法分析了7种村镇住宅建筑太阳能供热系统利用方案的技术经济性[3],结果显示,传统村镇民居单户全部房屋采暖太阳能保证几率仅为9.44%。

在我国北方采暖地区,太阳能供暖温度范围受天气条件影响较大,导致供暖温度波动较大,这也正是太阳能采暖难以大面积推广的关键问题所在。(图3)

图3 北京农村现状

5 积极推进太阳能与天然气能源复合采暖

2007年"煤改电、煤改气"清洁采暖行动的快速推进，部分地区出现"气荒"，百姓无气可用，无暖可取。2018年"能源供应不足、基础设施不完善、改造使用成本高、财政补贴难持续"等问题逐步显现。"政府补不起、企业担不起、农户用不起"——"煤改电、煤改气"进入瓶颈期。为充分利用太阳能资源，减少化石能源消耗，太阳能能源加其他多种化石能源复合采暖方式逐渐成为太阳能采暖新趋势。

随着我国农村地区煤改电、煤改气的发展，农村地区燃气管网覆盖率大幅提高，太阳能加天然气复合采暖方式向前迈进了一大步。

太阳能与天然气能源复合采暖系统由太阳能集热器、储热水箱、泵、连接管道、支架、控制系统、地热盘管和配合使用的燃气壁挂炉组成。通过控制器预设室内温度、储热水箱介质温度，确定地热盘管中供水和回水温度。天气晴朗时，太阳能集热器将太阳能转化为热能，加热储热水箱中的介质至预设温度，通过热交换，将热量传递给地热盘管，加热室内空气。当天气状况较差时，太阳能集热器产生的热能不足以将储热水箱中的介质加热到预设温度，控制器启动燃气壁挂炉使储热水箱中的介质加热至预设温度，再通过热交换，将热量传递给地热盘管，加热室内空气。（图4）

光伏太阳能通过与天然气能源的融合，降低天气条件对供暖温度的影响，实现稳定供热、节能采暖。同时，随着科技的发展人们可以通过控制器足不出屋就可以控制整个供热系统，实现绿色建筑、智慧建筑、智慧乡村的发展。

6 太阳能与天然气复合供暖推广难点

太阳能和天然气能源复合供暖之所以没有像煤采暖、电采暖、天然气采暖全国推广，主

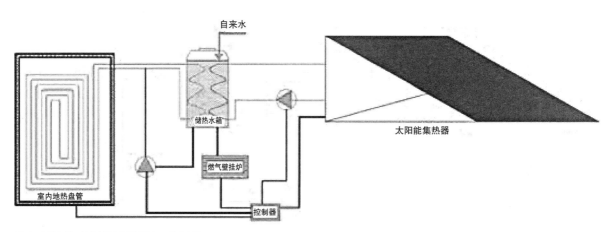

图4 太阳能加天然气采暖系统工作原理

要面临以下几个问题：（1）初投资相对较大："太阳能+复合能源采暖"户均投资初装成本2.47万元~6.55万元，比安装单一天然气和电锅炉高11000元左右，比安装单一空气源热泵高16500元左右；（2）现有太阳能与天然气复合供暖系统施工更加复杂；（3）非采暖季系统的实际利用率有待提高。目前，可行的技术上提高利用率的几种解决方案为"太阳能制冷技术"[4]和"跨季节蓄热技术"[5]两项。

7 结语

太阳能与天然气复合供暖不仅仅是两种能源相互叠加的过程，太阳能供给不足就投入使用太阳能，应充分发挥各自特性，优化能源配置，在不影响供热能力的前提下，提高硬件设备的集成度，减小系统的占地面积，提供稳定舒适、便捷绿色的居住环境。同时，我国北方农房节能保温方面尚需改进。太阳能采暖与节能房屋相结合，是节约能源的有效途径。

"十四五"期间要以绿色乡村、智慧乡村为目标，从实际需求出发衡量规划的科学性和可操作性，以适应应对气候变化和满足人民对美好生活的向往。加快构建农村清洁能源体系，力争2030年前碳达峰，2060年前实现碳中和！

参考文献

[1] 蔡伟. 新农村建设中太阳能采暖技术的应用[D]. 合肥：安徽农业科学，2007：10.

[2] 于涛，赵玉清，乔春珍，等. 主被动结合式太阳房的研究现状及展望[J]. 太阳能，2015（1）：66-70.

[3] 石金凤. 村镇住宅建筑太阳能供热系统技术经济分析[D]. 西安：西安建筑科技大学，2009：15.

[4] 李凌风，林鑫. 太阳能制冷技术的应用分析[C]. 全国暖通空调制冷2000年学术年会，2010，139.

[5] 孙陆萌，张晓峰，刘学来. 济南地区跨季节蓄热太阳能采暖的可行性分析[J]. 太阳能，2018（02）：67-70，73.

9 建筑设计中绿色建筑技术优化与对策研究

高颢诚[①]　刘　虎[②]

摘要　　近年来绿色环保理念的应用范围越来越广泛，建筑技术优化与设计时也可以根据实际情况合理运用绿色设计理念。建筑设计工作开展前，设计人员应该做好施工现场的分析与勘查，综合运用绿色环保设计理念，最大限度地提高建筑设计的绿色环保性能。

关键词　　建筑设计；绿色建筑；建筑技术优化；建筑转型

[①] 高颢诚：中国建筑设计研究院有限公司，工程师。
[②] 刘虎：中国建筑设计研究院有限公司，工程师。

1 引言

绿色建筑技术是随着可持续发展观的推广逐步开始应用的新型技术。过去建筑设计时设计人员对绿色环保设计理念的认识力度不足，在设计时更多关注的是建筑工程施工质量以及施工效率，没有关注建筑设计的社会效益，从而导致生态环境遭受了严重的破坏。基于此，设计人员必须提高对绿色环保设计理念的认识力度，从可持续发展和低耗能的角度提高建筑的绿色水平。

2 建筑设计中绿色建筑技术优化的主要内容

2.1 绿色建筑技术的深度优化

绿色建筑设计的深度优化工作内容有很多，主要是将绿色节能技术应用于建筑设计中，提高建筑设计的绿色环保节能效果。同时，深度优化，要求设计人员落实低碳环保的理念，加强对技术的优化力度，将更多的新材料以及新技术应用于绿色建筑设计中，建立环保节能系统。

绿色建筑技术的深度优化包括以下三点：（1）加大力度研究新技术，最大限度降低能源的消耗量，并且提高对太阳能以及风能的利用率；（2）将低碳环保的理念应用于绿色建筑设计中，绿色建筑设计理念下设计人员应该对环保技术进行优化，综合降低能源的消耗量，并且根据实际情况提高能源的转化率；（3）将循环设计应用到绿色建筑设计中，要求设计人员从能源循环利用的角度进行分析，设计出环境友好型的绿色建筑。

2.2 绿色建筑技术的广度优化

绿色建筑技术的广度优化工作开展时要求设计人员将绿色理念拓展应用于多个领域。对绿色建筑技术的广度优化取得了良好的成绩，因此，技术人员应该进一步加大力度，提高绿色建筑技术的广度优化效率和质量。例如，建筑设计时设计人员应该做好建筑的保温设计，综合分析建筑所处地理位置的环境情况，然后对建筑框架结构进行合理设计，做好建筑框架结构的内含保温层设计工作，提高建筑整体的保温性能。（图1）

图1 绿色建筑技术应用实例

2.3 绿色建筑技术的适应性优化

在对绿色建筑技术进行优化时设计人员应该对建筑周边气候条件的多样性进行全面分析，并且找出区域中不适用的因素，提高建筑技术应用的适用性。例如，我国南方城市中建筑设计时设计人员应该做好通风设计。在工业发展速度比较快、空气污染程度比较高的区域，设计人员应该加大对通风设计的重视力度，优化通风设计方案，保证建筑室内空气质量更加优越。当前绿色建筑设计即时在高层建筑设计应用时还存在很多问题，如果不加以处理就会增加建筑设计的成本，不利于建筑行业持续稳定的发展。

因此，结合建筑所处区域的自然气候特点，设计人员应该合理应用绿色建筑技术，结合区域文化与经济发展的特点，设计人员必须严格抓住绿色建筑技术应用的要点。同时，要求设计人员必须具有丰富的设计工作经验，处理能够熟练运用不同的设计技术外，还要对地域文化有一定的认知，将区域文化融入绿色建筑设计，提高建筑设计的文化气息。

2.4 绿色建筑技术的成本优化

绿色建筑技术施工时需要根据建筑结构的特点合理应用更多先进的复合材料，这就要求设计人员应该考虑降低绿色建筑技术使用的成本，提高建筑的环保性能。

3 绿色建筑技术优化设计的主要对策

3.1 提升绿色建筑模式下的布局优化

绿色建筑技术优化设计的过程中要求设计人员应该从节能设计、减排设计以及循环设计等多个角度进行创新与优化，推动建筑持续稳定的发展。绿色建筑技术应用的过程中设计人员已经取得了初步成绩，但是技术的深度和优化力度并不高。基于此，技术人员必须加大对建筑创新的力度，最大限度提高建筑的绿色设计水平。例如，绿色建筑设计时设计人员可以加大对绿植的应用效率，根据建筑空间结构的特点科学合理地摆放绿植，提高建筑设计的绿化程度。绿色建筑设计的过程中设计人员应该加大对本地可再生能源的利用重视程度，合理利用风能、太阳能等清洁型能源，一方面可以减少不可再生能源的消耗量；另一方面可以提高对生态环境的保护力度。（图2）

图2 绿色建筑布局优化

3.2 新建筑材料的研究和应用技术

民用建筑绿色理念的设计应用，也包括对建筑设计理念的合理管控应用，确保建筑设计应用更加合理。而在民用建筑环保设计中，针对环保材料进行设计应用十分关键。如磷灰石是由麻类植物的内部纤维制成的，与混凝土类似，但具有明显的优势，因为它是一种绿色建筑材料。

绿色建筑技术优化的过程中，设计人员应该关注绿色建筑材料的使用，从健康、环保、安全以及优质等4个方面对材料的质量进行审核。当前我国建材市场中新型环保材料的种类比较多，并且建筑材料的应用领域也在扩大。设计人员应该进一步研发优质的新材料，推动我国建筑行业的持续发展。例如，墙体施工时施工人员可以选择使用纳米技术高刚性砖块和生物化学优质保温砖块等。结合建筑结构特点以及周边自然环境的特点还可以使用气凝胶墙体材料结构，提高建筑整体的保温性能。

与此同时，技术人员还需要对绿色材料施工技术进行研究，科学选择施工材料的种类，除了考虑施工材料的环保性能外，还需要对材料的使用性能进行分析，最大限度提高建筑的环保性能。例如，北方建筑墙体施工时施工人员需要对墙体的厚度进行合理的调整，选择保温性能良好的保温材料。外墙装饰材料选择时施工人员应该对其抗裂性能进行分析，不断提高外墙的抗裂性能，并且选择天然优质的外墙装饰材料，加大对材料成本的控制力度，提高建筑的经济效益。

3.3 能源优化利用和新能源的开发技术

绿色建筑能源优化利用和新能源的开发技术是一种先进的技术，该技术弥补了传统建筑设计技术中的不足之处，并且合理地降低了污染物质的排放量。现阶段，大部分建筑设计时设计人员对新能源的利用效率比较低，因此，设计人员应该重视对新能源的利用率。

绿色建筑设计时设计人员应该根据施工设计方案合理安装太阳能设备，将太阳能转化为其他形式的能源物质并储存起来，然后在建筑运行的时候使用。同时，建筑设计时外墙可以安装玻璃幕墙，通过玻璃幕墙将光污染消除掉。此外，风能利用前设计人员应该做好风力测试试验，合理降低风力能源运用时产生的噪声。

3.4 绿色建筑和智能建筑的融合技术

绿色建筑技术在应用的过程中，设计人员应该加大对智能技术的应用力度，将绿色建筑技术与智能建筑技术进行融合，提高建筑绿色智能化水平。同时，综合提高绿色建筑的智能化水平，有助于提高建筑居住的舒适程度，提高建筑功能性的丰富程度。设计人员必须进一步加大对智能化绿色建筑技术的研究力度，优化建筑资源的配置方案，全面落实绿色建筑设计目标。

4 结语

总而言之，绿色建筑技术应用的过程中设计人员应该不断扩大该技术的应用范围，加大对绿色建筑技术的研究力度，不断挖掘该技术的应用潜力和优势，全面提高建筑的环保节能效果。提高太阳能和风能等新能源的利用，减少建筑的能源消耗量，促进建筑行业与生态环境的协同发展。

| 参考文献 |

[1] 温君. 解析建筑设计中绿色建筑技术结合[J]. 居业，2020（5）：71-72.

[2] 田立臣，杨玉光，高大勇. 建筑设计中绿色建筑技术结合分析[J]. 建筑技术开发，2020，47（8）：148-149.

[3] 苍雁飞. 绿色建筑技术在建筑设计中的应用和优化研究[J]. 居业2019（8）：59-61.

[4] 谷少刚，陈贤波，孙海洋. 建筑设计中绿色建筑技术结合探讨[J]. 智能建筑与智慧城市，2021（8）：114-115.

[5] 王淳. 绿色建筑技术在建筑设计中的优化及结合探析[J]. 中国建筑金属结构，2020（7）：42-43.

[6] 田立臣，杨玉光，高大勇. 建筑设计中绿色建筑技术结合分析[J]. 建筑技术开发，2020，47（8）：148-149.

[7] 程文思. 绿色建筑技术在建筑设计中的优化与结合[J]. 工程技术研究，2020，5（6）：218-219.

10 特色小镇和传统村落光伏技术的应用

余忠泽[①]　牛同强[①]

摘要　　2022年是实施"十四五"规划承上启下之年，也是乡村振兴全面展开的关键之年，做好农业农村工作特殊且重要。从建筑电气方向思考，光伏技术是推动新农村发展的一份重要力量。当下农村户用太阳能光伏发电在全国加速推广，效果良好。本文介绍了特色小镇和传统村落光伏技术的应用，同时介绍了几种农村户用太阳能光伏发电的技术应用并且相应的指出它们的优缺点。

[①] 余忠泽、牛同强：中国建筑设计研究院有限公司。

1 背景

太阳能是最根本的可再生能源，根据相关资料，我国陆地每年可以接收到大约$3.3\times10^3 \sim 8.4\times10^6 kJ/(m^2 \cdot a)$的太阳辐射热量，经过换算，这个数据相当于$2.4\times10^{12}$吨标准煤的发热量。可以看出，我国属于太阳能资源较为丰富的国家。我国年的日照时间可以达到2000小时以上的地区占国土大陆面积的三分之二以上，在西藏、青海、甘肃、宁夏以及内蒙古等地区，日照更加强烈，日照时间更久。这些都为我国发展太阳能发电技术提供了坚实的基础。同时，我国的太阳能光伏发电技术在发展水平和应用水平也较高。根据相关统计资料显示，在我国大部分的城市中，光伏发电装备所产生的电能已经可以输入电网，实现了并网，降低了发电成本。同时，我国拥有大量的农村面积和农村人口，太阳能光伏技术在农村的应用成了必然的发展趋势。

光伏发电是国家重要的战略性新兴产业，对优化能源结构、改善生态环境具有重要意义。近年来，太阳能光伏发电业务发展迅速。据国际太阳能光伏网数据显示，2021年上半年，全国光伏新增装机1301万千瓦，光伏发电累计装机2.68亿千瓦。其中，新增光伏电站536万千瓦，分布式光伏765万千瓦。对于正在广泛建设的特色小镇和改造的传统村落，太阳能光伏发电技术正在广泛使用，并且取得了良好的示范效果。分布式光伏发电技术有效降低了农村人民的用电成本，同时余电上网项目更可能为农村人民带来额外的收入。并且，对于电网公司企业，可以减少电网扩容投入，从而间接降低了电网运营成本。

随着人们对太阳能的广泛应用，太阳能光伏发电技术也在走进农村居民的生活，并且衍生出其他太阳能相关产品。但在推广过程中，还有不少农户对太阳能光伏技术和应用基础知识不太了解，本文就太阳能光伏发电技术在特色小镇和传统村落的应该用等方面进行分析。

2 技术介绍

2.1 智慧灯杆

近年来,随着我国农村的快速发展,为了满足农村人民日益增长的美好生活的需求,公共照明由于关系到农村居民的生活质量和生活环境中夜间照明的需求,并且由于农村照明也关系到碳中和的国家大计,所以农村公众照明十分重要。智慧灯杆正从城市走向农村,路灯丰富了农村夜晚的文化生活。智慧灯杆是以道路照明灯杆为基础,整合多杆合一的综合杆。公安监控杆、交通信号杆、通信杆、交通标识牌杆等设备的功能都可以集成到智慧灯杆上。智慧灯杆通过集成硬件如搭载视频监控、充电桩、5G基站等感知设施设备,如信息发布、环境监测等多用途软件系统。智慧灯杆作为前端的信息采集终端采集城市大数据,为后端物联网平台的使用提供了必要条件,是智慧城市建设的传感器。

智慧城市治理,利用搭载在智慧灯杆上的智能摄像头、城市广播和LED显示屏等感知设备,对占道经营、垃圾爆桶、井盖倾斜、护栏倾倒等事件进行快速发现并及时处理,提升城管部门的管理效率。智慧照明,通过物联网技术,让道路照明根据光照度变化实现自动设定开关灯的"按时照明",根据人流量和车流量的变化自动调节亮度的"按需照明",包括故障自动报警等智慧化管理手段,提升城市照明管理质量和效率。

2.2 太阳能路灯系统原理

太阳能路灯主要由以下几个部分组成:主体结构、照明设备及照明供电系统、附加功能硬件。其中,照明设备以及照明供电系统较为重要,由以下几个部分组成:光源、小型太阳能控制器、太阳电池组件、蓄电池。在一些情况下还需要配置逆变器,比如系统配置的光源负载为交流负载。

2.3 智慧灯杆的优点

农村不同于城市,其能源使用需求分散,导致构建电网的效率低、回报低,容易造成资源浪费。智慧灯杆可以解决这些问题,太阳能灯杆在解决组网问题的同时实现零碳排放,高效利用资源,保护了农村的生态环境。

2.4 智慧灯杆的缺点

智慧灯杆是新型基础设施的重要组成部分,可以为将来建设智慧农村打下坚实的基础。智慧灯杆的实际安装位置受到限制,容易被植物、建筑物影响,必须根据安装地点的具体情况来布置。其受采光影响大,长时间的光照不足,如阴雨天可能会导致其照度不足。

综上所述,合理地应用太阳能灯杆可以减少污染、节约能源、美化环境、解决乡村建设问题。

2.5 光导管的产生和发展

光导管的构想最初源于人们对自来水水管传导水所联想到的。最初，光导管的研究是为了输送人工光，直到20世纪80年代才开始扩展到自然采光。现代越来越紧张的能源局势使自然采光成了光导管技术的主流，同时也是照明领域的热点问题之一。后来光纤技术问世，人们对光的传导有了新的认识，开始有人思考可否利用光纤为室内照明，但是光纤成本高、导光量小。人们意识到一种类似光纤的将室外光导入室内的系统可以很好地提供清洁能源照明，该系统主要由三大部分组成：

（1）室外采光区：阳光经过集光器聚集后折射进入导光管（图1）。

（2）内部传输区：阳光经过高反射率的管道甚至能弯曲将光线输送到需要光线的漫射器。

（3）室内漫射区：阳光经过漫射器均匀地分散阳光，照亮室内，不会产生高光和炫光，非常适合人体的视觉辨识度。

图1 乡村自然采光屋顶

2.6 光导管技术的优点

光导管技术在整个传输过程中，跳过了多个能量的转化步骤，减少了能量的损耗。光导管技术是完全的绿色清洁能源，在其全使用周期中，无需使用电力，损失热量极小，实现了零排放、零污染，符合国家碳中和的大方向。

由于不需要在能量人工能源转化的过程中消耗能量，传统技术使用光导管技术照明相较于传统建筑照明可以节约20%~30%的建筑用电。另外，光导管照明由于没有能量转化过程，也就几乎没有产生热量，所以其发光效率更高，热负荷较小，有利于减少能耗，符合碳中和、绿色乡村的建设趋势。

2.7 光导管技术的缺点

由于光导管技术完全依靠太阳光，其受太阳光的制约，而各地各区季节的太阳照度、照射角度的不稳定和不均衡性以及各个时段太阳光照度的变化，会影响其性能，因此，依照不同的地理环境和照明用于大多数白天需要照明的场所。由于需要敷设管道，光导管技术对使用场所有一定要求，如最基础的空间充足。设计者需要合理应用光导管照明技术，才能照亮建筑深处，进而发挥光导管技术的作用。某些情况下，由于光导管需要在建筑中安装，低层用户需要较长的导管，造成了安装的不方便和光度的衰减。（图2）

图2 光导管集光器

2.8 光导管技术的前景发展

在国际上光导管技术已经取得了一定成果，但在国内才刚刚兴起。光导管技术十分符合建设绿色乡村和建筑智能化潮流下的发展趋势，有巨大的发展空间。光导管技术可以和自然通风技术有机结合起来，进一步拓宽其应用领域，在制造一个全面而舒适的居住环境的同时，保证建筑的绿色节能。

3 结语

我国光伏技术在特色小镇和传统村落的应用已经取得了一定的成果，但在未来还有极大的发展空间。如光伏发电、智慧灯杆、光导管技术等技术都是具有代表性的服务于新农村的技术和产品，还将会在未来的落地中逐步升级技术。同时，我国对于新农村建设的需求巨大，未来可以将这些技术之间有机地结合起来，建设现代化的乡村，建设绿色乡村，提高农村人民的生活质量，为建设乡村做出更大的贡献。未来，以上技术的全面发展和落地应用还需要业内人士集体的智慧和奋斗。

| 参考文献 |

[1] 王强，林涛，宋启宇. 基于智慧灯杆的城市智能交通系统[J]. 交通科技，2017（2）.

[2] 袁兵，王一平，黄群武. 采集太阳光的照明系统[J]. 太阳能学报，2005，26（6）.

[3] William Grise, Charles Patrick. Pasive solar lighting using fiber optics[J]. Journal of Industrial Technology, 2002-2003.

11 如何搞好小城镇红色旅游文化建设

丁一凡[①]　陈丛岩[②]

摘要　小城镇建设是一个综合的大概念，包括经济建设、市（镇）政建设、生态环境建设、思想文化建设、社会制度建设以及小城镇各种生态体系的完善与发展等内容。小城镇建设的基本原则是：从实际情况出发，充分兼顾经济、社会、生态的综合效益，科学合理地制定总体发展建设规划。新时代大力发展具有红色基因的小城镇，利用自然资源优势、地方文化特色、历史遗迹等推动这些地方的旅游开发，促进城乡建设，是非常必要和重要的决策。

关键词　红色文化；旅游资源；开发案例；城镇建设

[①] 丁一凡：中国建筑设计研究院有限公司，副高级工程师。
[②] 陈丛岩：中国建筑设计研究院有限公司，工程师。

1 引言

全面建成小康社会，是实现中华民族伟大复兴中国梦的关键一步，是我国从大国向强国发展的必然路径，要实现这一步离不开城镇化建设、乡村振兴，而小城镇是农村与城市之间的部分，千千万万的小城镇构成了庞大的、具有活力的基层社会单元，它们的发展、振兴，直接影响着中国梦的实现程度。因此，大力发展小城镇建设，利用自然资源优势、地方文化特色、历史遗迹等推动这些地方的旅游开发，促进城乡建设，是非常必要和重要的决策。

2 小城镇建设的概念与意义

2.1 概念

小城镇建设，是指小城镇的开发、创建、改造和发展的过程。走有中国特色的城市化道路，离不开小城镇建设的参与。

小城镇建设可从微观和宏观两个方面进行研究：（1）微观建设，指小城镇各种社会要素的创立、兴建、组合和发展工作，可归纳为物质文明方面的建设与精神文明方面的建设。物质文明建设主要包括经济建设、生态建设和市（镇）政设施建设等；精神文明建设主要包括思想建设、文化建设和社会制度、组织建设。（2）宏观建设，小城镇宏观建设指一定区域内小城镇体系的建立、改造和发展工作。要从本地区、本城镇的实际情况及其在整个社会结构中的客观地位出发，做好总体规划。制订小城镇建设规划，要兼顾经济、社会、生态三大效益。规划的内容要全面，既要突出经济建设的重点，又要配合做好教育、科学、文化、人口、劳动力、社会保障、生态环境、市（镇）政设施等方面的建设规划。它侧重于解决一定区域内小城镇的密度、规模、功能和空间布局的问题，以及小城镇建设的发展速度和具体的方法、步骤等问题。一般地说，每一个区域内的小城镇，要尽可能做到密度适当、规模合理、功能互补、布局均衡。

2.2 建设意义

从本质上说,城镇化的过程实际上就是城市的各种文明不断向农村扩散和辐射的过程,是城乡各种差距不断缩小、城乡二元结构不断消除的过程。它的建设意义具体是:(1)小城镇建设是我们党在深刻分析当前国内外形势、全面把握我国经济社会发展阶段性特征的基础上,从我国经济社会事业发展的全局出发确定的一项重大历史任务;(2)小城镇建设是落实科学发展观,实施城乡统筹协调发展方略,解决"三农"问题,让广大人民群众共享经济发展成果,如期实现全面建设小康社会和社会主义现代化宏伟目标的重大战略决策;(3)小城镇建设是加快农村经济发展,增加农民收入,改善农村消费环境,使亿万农民的潜在购买意愿转化为巨大的现实消费需求,进而拉动国民经济持续健康发展的重要条件;(4)小城镇建设是顺应经济社会发展趋势,实行工业反哺农业、城市支持农村的方针,缩小城乡差别,构建和谐社会的重要基础;(5)小城镇建设是逐步消除城乡二元体制结构,形成工农之间和城乡之间的良性互动,实现城乡社会经济协调发展的重要举措,有着非常鲜明的时代背景和重大的历史意义和现实意义。

3 小城镇发展旅游开发的案例——旅游特色镇

现在,全国开发和建设且成功的旅游特色镇非常多,这种旅游观光特色镇的模式,其特点是依靠、发挥本地历史文化厚重、山川雄奇秀美、民俗风情浓郁多姿的优势,大力发展旅游特色镇,以求本地乡村振兴,全面提升本地知名度。做大、做优历史文化名片,例如四川江油市借助"诗仙故里"文化积淀和古迹遗存,打造青莲国际诗歌小镇;做大、做优自然风光名片,例如阿坝州漳扎镇着力打造以羌族风情为主题的特色旅游镇。有"影视城""中国好莱坞"之称的成都黄龙溪古镇,以旅游业为龙头,农业为基础的旅游型城镇,是成都市郊区新的旅游热点,是以旅游业为主、商贸服务业为辅的旅游型山水小城镇。广西巴马瑶族自治县白马村通过发展有机富硒稻米、蔬菜、牧业供给、农产品加工物流、滨水休闲农业和村屯"候鸟人"养老旅游经济的复合多功能产业,实现乡村产业兴旺、农民生活富裕,美丽乡村建设也卓有成效。

4 小城镇发展红色旅游的典型案例

近年来,我国红色旅游的热度一直持续攀升,正逐渐成为热门出游主题之一。从狭义的概念来说,红色文化是指中国共产党在领导人民实现民族解放与自由以及建设社会主义现代中国的历史实践过程中凝结而成的观念意识形态。这种红色文化是在革命战争年代,由中国共产党人、先进分子和人民群众共同创造并极具中国特色的先进文化,蕴含着丰富的革命精神和厚重的历史文化内涵。红色文化是一种重要资源，包括物质文化和非物质文化。其中，物质资源表现为遗物、遗址等革命历史遗存与纪念场所；非物质资源表现为井冈山精神、长征精神、延安精神等红色革命精神。

近年来，江西省委、省政府明确提出把江西建设成为红色旅游强省和旅游产业大省，通过举办一年一届的"红博会"，全面展示江西的旅游精粹，在国内外产生了广泛影响，红色旅游已成为推动老区经济社会发展的重要动力。红色文化是社会主义先进文化的重要源头之一，红色文化的发展创新对于促进社会主义先进文化建设，具有十分重大的意义。

下面代表性地介绍几个国内省市地区红色旅游镇的建设案例。

4.1 丽水小城镇的红色旅游基因

丽水是浙江省唯一的所有县（市、区）都是革命老根据地的地级市。在革命战争年代，老一辈的革命家们用鲜血浇铸缔造了伟大的"浙西南革命精神"，激励一代又一代的人，坚定信念、攻坚克难、砥砺前行！而长期的革命斗争在这里留下了众多革命旧址、战场遗址和反映重要革命领导人、革命先烈活动踪迹的革命旧址，长期的革命斗争给丽水留下了丰富的历史遗存。

自小城镇环境综合整治工作开展以来，为切实发挥当地革命老区独特的红色资源优势，不少乡镇在整治中围绕红色文化保护与传承，讲好红色故事，传承弘扬"浙西南革命精

神"，将红色旅游与生态绿色旅游、民族风情旅游、农家乐旅游产品相结合，让游客在欣赏美丽山水、感受民俗风情、品尝农家乐的同时，体验红色激情，有力地带动了革命老区的经济发展。其中，龙泉住龙镇、遂昌王村口镇等乡镇，在发展红色旅游的基础上，不断延伸红色产业链，推进红色旅游与古镇旅游、乡村休闲、红色传承、生态产业等融合发展，使古镇从先前单一的"红色观光"向"红色体验、文化教育、度假养生"转型，全面提升红色旅游经典景区的功能和品位。

雅溪镇将生态底色与红色元素、人文底蕴相结合，打造红色革命纪念馆、革命先烈主题纪念长廊等系列红色工程，展示雅溪革命传统。小城镇环境综合整治工作美化了雅溪环境，吸引了不少来自城市的"粉丝"，让"乡村颜值"变成"金饭碗"，"绿水青山"变为"金山银山"。（图1）

枫坪乡是革命老根据地，是刘英、粟裕率中国工农红军挺进师开辟浙西南第一块革命根据地的中心据点，在浙西南革命史上具有无可

图1 莲都区雅溪镇

替代的地位。1935年的苏维埃政府旧址，现存的32条红军标语，在小吉、高亭、斗潭等村的多处革命遗址都沉淀着丰厚的"红色"文化。该乡以小城镇环境综合整治为契机，推进全域环境整治，小吉村、高亭村、斗潭村等村组织党员干部持续开展"拆破拆旧"攻坚行动和环境整治行动，助推枫坪乡红色教育地基建设和发展红色旅游，使乡村环境面貌得到了翻天覆地的改变，来枫坪体验红色文化和旅游的人得到大幅度的增加。（图2）

图2 松阳县枫坪乡

以上两个镇，通过开发年轻群体、与乡村文化融合、与体育文化相互补充、与科技/娱乐相结合、规范红色旅游产业格局、完善配套设施、加强宣传促销、开发保护并重、培养旅游人才和加强对红色革命遗址的保护等策略，大力发展自己的红色文化，必然会吸引越来越多的游客。

4.2 惠东县高潭镇的马克思街

惠东县地处广东省东南部，是广东海陆丰革命老区的重要组成部分，是惠州市唯一被国家纳入扶贫范围的县区，而高潭镇又是全国最早的区级苏维埃政权的诞生地。革命时期，周恩来、叶剑英、徐向前、彭湃等老一辈革命家在惠东这片土地上留下了他们的血与汗。

在惠东县高潭镇上有两条特殊的街，之所以特殊源自于它们的名字，一条叫马克思街，另一条叫列宁街。1927年11月，高潭区召开工农兵代表大会，正式通过了《关于高潭圩老街和新街分别命名为马克思街和列宁街的决定》，现在的马克思街和列宁街便由此而来。当下雨后，游览者走在修整过的平坦的石板路上，看着周边高潭革命历史博物馆、烈士纪念碑、高潭老区革命纪念堂等具有浓郁红色文化的建筑，别有风味。图3、图4是惠东高潭镇打造其红色旅游小镇的一部分。

红色旅游近年来受到越来越多的关注，游客不仅可以欣赏美景，又能受到宝贵的爱国主义教育。惠东作为较早诞生的苏区根据地，有着众多的革命旧址。仅高潭一个镇就已发现各类革命遗址45处，其中革命旧址29处，纪念设施7处，名人故居5处，战斗遗址4处，被称为"东江红都"和"广东井冈山"。面对众多的红色旅游资源，惠东县高潭镇积极响应苏区振兴的政策，开始打造红色旅游产业。同时，为利用好众多的红色资源，实现高潭革命老区的新发展，2016年惠州市委、市政府发布了《高潭革命老区"建成三个基地、办好十件实事"实施方案》。通过整合资源，以点带面，决心

图3 高潭镇马克思街

图4 高潭镇列宁街

打造属于高潭特色的红色旅游产业。在不断挖掘革命老区红色遗址的情况下，依托自身政策环境优势，促进红色旅游与生态旅游、度假旅游、文化旅游的适当融合。在打造红色旅游产业的同时，推动当地的特色农业与红色旅游业有机结合。据悉，目前平和蜜柚、绿茶、石斛、百香果等经济作物的种植已经初具规模，绿茶种植面积1000亩（约66.67公顷），蜜柚种植面积1500亩（100公顷），蜜蜂养殖4500箱。经过一段时间的实践与发展，红色旅游特色小镇的开发为当地的村民百姓带来了一定的实惠。据了解，2018年高潭镇共接待游客超过46万人，实现旅游总收入1.8亿元。可见，大力引导村民发展特色民宿、特色农庄、餐饮等业态，这些产业的红利带动了村子的经济发展与增收。（图5、图6）

图5 中洞村革命纪念广场　　　　　图6 "中洞改编"雕像

5 小城镇红色文化旅游发展中可能存在的问题

红色文化深入融合到小城镇的建设过程中，各地区因为自身条件、思想观念、管理方法、引导政策、人才开发、资金等各方面投入的不同，红色旅游小镇的运作效果各不相同，综合效益也不尽相同，甚至有的还存在诸多待完善的客观问题，譬如：（1）有的城镇对红色文物保护意识，还有待进一步提高，部门联动机制有待完善。在红色文物保护过程中，部分干部以及群众对红色文物的认识还不到位，缺乏"守土有责"的责任意识。（2）管理缺失，安全压力大。在小城镇建设中涉及红色革命遗址的，除了有的县、镇设有专门管理人员进行管理、维护之外，有些地方没有完全落实看护人员，安防设施也不够完善，不同程度地存在安全隐患，这对特色小城镇的打造是极为不利的。（3）在小城镇建设中，红色文物合理利用率还不高，部分红色文物的宣传展示还没有得到有效推广，没有产生预期的社会效益和经济效益。（4）各地将红色文物保护纳入小城镇建设规划、纳入财政预算、纳入经济社会发展计划、纳入体制改革和各级领导责任制，还未得到有效的落实，尤其是在红色文化保护经费上还存在不到位、不足的情况。

6 推进小城镇红色文化旅游发展的对策建议

鉴于以上这些现实问题的存在，在推进红色文化与城镇规划建设的融合发展上，本文建议：

6.1 不断完善基础设施、生态环境、公共设施

小城镇面临一些发展的共性问题，包括基础设施建设落后、生态环境受到破坏、公共服

务设施不足等。红色文化遗址地区主要为老区，政府财政资金有限，革命旧址的保护与修缮靠小城镇自身是很难解决的。一方面，这样的小城镇只能通过"等、靠、要"向上级政府寻求解决维护资金的来源；另一方面，革命旧址因自身的历史价值，一般被评为文物保护单位，有一定的保护范围和协调范围。这些限制因素，在一定程度上制约了小城镇建设与开发，进而影响到了小城镇政府保护革命旧址、宣扬红色文化的积极性。对小城镇来说，红色资源还未能有效转化为红色产业，反而成为限制小城镇发展的"包袱"。因此，作为红色旅游中必不可少的元素，建筑的设计就显得格外重要。要通过布置革命场景，丰富历史文化知识，使二者完美结合，从而保障旅游者审美意识升华，不仅实现身心愉悦，而且其民族意识、民族精神也会进一步深化，进而提升精神文明建设的水平和力度。

6.2 树立文化品牌，打破"千镇一面"的形象系统

红色资源是以红色革命道路、红色革命文化和红色革命精神为主线的集物态、事件、人物和精神为一体的内容体系，所以不能搞"千城一面""千镇一面"，这是当前城镇化进程中非常突出的问题。小城镇要想突出自己的特色，必须在坚持本土文化特色的同时，深挖红色文化的传承与利用。不仅要保护好革命旧址，也要营造红色小镇的整体风貌；不仅要做红色文化，也要研究本地区的红色文化与其他地方红色文化的区别，这样才能打造出与众不同的红色小镇。将红色文化概括为革命年代中的人、物、事、魂，并融入地方自身特色。人——是在革命时期对革命有着一定影响的革命志士和为革命事业而牺牲的革命烈士；物——是革命志士或烈士所用之物，也包括他们生活或战斗过的革命旧址和遗址；事——是有着重大影响的革命活动或历史事件；魂——体现为革命精神，即红色精神。红色文化蕴含的丰富的革命精神和厚重的历史文化内涵，折射着革命先辈的崇高理想、坚定信念、爱国情怀和高尚品格，一个红色故事展示着一种理想和追求，一件红色文物承载着一种精神和情操。

6.3 重视红色旅游建设的科学规划和设计

红色旅游建筑规划设计的实质是相关建筑与区域景观的融合。从系统的整体角度来看，应将可持续发展的概念引入红色旅游建筑的规划和设计。这里建议：（1）红色旅游建筑规划设计要突出地方特色。小城镇红色旅游的最基本功能是爱国主义教育，在红色旅游建设的规划和设计过程中，要精心设计，并与《中华人民共和国旅游法》结合起来，应该充分挖掘红色精神的内涵，深刻认识到红色旅游的意义，以不同的方式展示红色文化，坚决杜绝庸俗

化。有针对性地对红色旅游建设进行规划和设计，然后依靠当地的实际情况，确保建设不仅满足大众的审美需求，又具有红色教育价值。（2）红色旅游建筑规划设计创新要突出参与式的设计理念，有的小城镇的红色旅游建筑规划、设计过于简单；许多小城镇红色旅游的建筑物在设计时和规划较为类似，如展览馆、博物馆等内容表现形式比较简单，表达技能需要改进、提升。否则，将使前来的参观者、游客出现审美疲劳、精神疲劳，最终将会大量减少景点的回头客。因此，要特别重视红色旅游建筑的设计。以旅游服务中心为例，在设计旅游服务中心时，应协调周边环境与服务中心之间的关系，更好地利用和处理虚、实之间的关系。尤其是在设计立面时，必须坚持地方特色，特别是地方传统特色，表现出其本质特点，这更符合红色风景名胜区的内部需求。同时，从实用的角度出发，在兼顾美观的同时确保节能建筑理念的融合，强烈提倡节能减排。在外观设计中，不仅要满足现代需求，还要体现地域文化。因此，作为设计师，在设计之初应积极与各个部门进行充分交流，然后共同推动设计工作的全面性、科学性、人机性。

6.4 其他建议

在全国各地特色小城镇的长期发展、演变过程中，国内红色旅游逐渐探索出一系列较为成熟的发展模式。笔者认为，目前红色旅游市场开发较为主流的四大模式是：原址观光模式、红绿结合模式、红古结合模式、综合开发模式。只要找到适合自己的模式，坚持投入和创新，就一定能在小城镇红色旅游资源挖掘和开发上，获得回报和持续的收益。因此，也建议：（1）开发模式上，应该从单纯红色景区向综合旅游目的地转变。伴随着消费升级，红色旅游景区趋向综合发展，逐步改变传统的单个景区孤立开发的局面，形成以旅游目的地开发为引导的综合开发模式，推动门票经济向产业经济转型升级。（2）产品组合上，应该从观光向深度体验综合旅游产品转变。区别于传统的革命文物、遗址观光游，近年来红色旅游体验产品逐渐丰富，整体呈现业态多元化、手法科技化、体验创新化等趋势，与民俗、生态景观、体育、养生等产品融合度更高。

习近平总书记一直强调，保护红色文化功在当代，利在千秋。笔者认为，在当前及其今后的小城镇规划中应突出抓好红色文化资源的开发利用，深入研究、挖掘、整理各类遗址遗迹所蕴含的历史文化内涵，贯彻落实文物保护法治建设，重点加强红色文物保护；加强红色文物保护要利用项目申报，加快推进红色遗址保护利用项目实施；实施红色文化资源的保护挖掘，不断注入红色文化底蕴；着力打造富有地方特色的红色文化品牌，加快推进红色旅游业健康、可持续发展；不断释放城镇活力，使红色文化成为小城镇建设明信片，为决战决胜脱贫攻坚、助推地区经济社会可持续发展提供内涵支撑。

7 结语

红色文化具有良好的知名度和品牌效应，在小城镇规划与建设过程中，革命老区保留下来的遗址和可歌可泣的革命故事，既是宝贵的精神财富，也是发展红色文化产业的重要资源、基础保障。虽然有人说革命老区多处于山区，但是这些地区的风景优美、生态宜人，把红色文化、生态文化和古迹文化结合起来，寓思想教育于文化娱乐和观光游览中，既有利于传播先进文化，又有利于把红色资源转变为经济资源，从而推动革命老区的经济发展，帮助老区人民脱贫致富，这是党和国家对这些地区最大的关心和扶持。值得提示的是，小城镇的建设不可避免地效仿大城市，即广场求大、街道求宽、建筑求高、风格求洋、速度求快，这种建设的结果打乱了小城镇传统的空间肌理，建设或者纷繁复杂，或者整齐单调，反而丧失了个性的城镇形态与生活精神，丧失了形成独特个性优势的机会。

随着新型小城镇建设步伐的加快，小城镇的发展越来越受到社会各界的关注；小城镇红色文化的传承与利用带来的系列效应，不断塑造出一个个带有地方特色的对外形象和宣传名片，同时也影响着当地的软实力、吸引力和竞争力，不仅是加强红色文化的需要，也是具有红色基因的那些城镇规划、建设、发展的需要。

参考文献

[1] 刘道兵. 红色旅游建筑规划设计探究[J]. 时代建筑，2021（23）.

[2] 刘梓莹，甘敏坤. 广西南宁红色旅游的发展策略[J]. 中国科技人才，2021（5）.

[3] 曹世友. 小城镇规划建设初探[J]. 魅力中国，2011，3.

[4] 袁冲. 红色旅游建筑规划设计分析[J]. 城镇建设，2021，1（2）.

12 小城镇清洁供热规划的发展模式分析

韩 沛[①]

摘要 　　本文主要针对小城镇清洁供热规划的发展模式展开深入研究,首先阐述了传统供热规划的技术路线,如热负荷计算、热源规划等,然后根据实现小城镇清洁供热绿色规划的方法,提出了几点切实可行的发展模式,主要包括低品位余热和电、天然气协同的热源结构,低温供热是低品位热源利用的关键,热网呈现长输距离超大管网趋势,以智能化监控运行调节为特征的智慧供热系统,超低能耗与模块装配式相结合的乡村近零能耗建筑,进而促进小城镇清洁供热规划的发展。

关键词 　　小城镇;清洁供热规划发展;模式

---

① 韩沛:中国建筑设计研究院有限公司;助理工程师;E-mail: hpjiangyou@vip.qq.com。

1 引言

在国家和地方各层面生态与低碳已经成为最重要的一项战略，其中国家为实现能源结构的调整，使其达到减少煤炭消费的目的，在严谨的政策形势背景下，在城市特别是小城镇能源基础设施中，面对冬季治污压力成为一项最重要的内容。而且就我国当前集中供热系统运行的情况来看还面临着一定压力，其中主要的压力为热源结构完善优化调整、保障民生供热、创造出良好的冬季环境等，且不管是在起源保障安全性还是在供热经济价格这方面挑战。所以，由于供热工程是民生工程，再加上为更好地防治大气污染，使能源得到合理利用，进一步推动小城镇清洁供热规划的发展，改善人居环境，所以有必要加强对小城镇清洁供热规划发展模式的研究。

2 传统供热规划的技术路线

对于以往供热事业而言，不仅经历了分散过程，还经历了集中过程，而且加强对集中供热的推广，一定程度上能促进热源效率的提高，使得城市用地得到合理的节省，最重要的一点就是实现管理，避免出现污染的情况。所以，在以往传统供热规划中，针对小城镇建筑单体分布呈现分散性的特点，通常情况下以提高集中供热率为主要思路。且热负荷的检测和热源规划以及热网布局作为传统的供热规划技术路线，不管是在总体规划中还是在各个阶段或专项规划中，所关注的对象不一样。

2.1 热负荷计算

选取热指标和明确采暖面积作为热负荷计算主要的方面。在《城市供热规划防范》中，经过从各个城市热负荷预测工作入手，并不断总结工作经验，研究在不同规划阶段的热负荷。无论是热负荷预测内容还是特征以及用热性质都存在不同之处，与此同时进行相应归类，给出热指标选取范围。（图1）

地名	采暖期室外计算温度（℃）	采暖期室外日平均温度（℃）	采暖天数（d）	建筑物耗热量指标q_h（W/m²）	未采取节能措施建筑采暖热指标q（W/m²）	采暖能耗降低50%建筑采暖热指标q（W/m²）	采暖能耗降低65%建筑采暖热指标q（W/m²）
北京	-9	-1.6	125	20.6	61.8	40.3	28.7
天津	-9	-1.2	119	20.5	63.4	41.3	29.4
石家庄	-8	-0.6	112	20.3	63.3	41.2	29.3
承德	-14	-4.5	144	21	61.7	40.2	28.6
唐山	-11	-2.9	127	20.8	61.3	39.9	28.4
保定	-9	-1.2	119	20.5	63.4	41.3	29.4
大连	-12	-1.6	131	20.6	68.7	44.8	31.8
沈阳	-20	-5.7	152	21.2	69	45	32

图1 常用北方城市采暖负荷计算参数

在总体规划阶段中，除了对城镇远期发展进行关注之外，还关注城镇发展的具体方向，注重的是用地布局的方案，所以当将城镇发展的目标合理明确完之后，注重其供热面积，并根据各规划地块未来的容积率面积范围将其确定下来。与此同时还加大分析力度，做好相应的分析，其中主要针对的是城镇的建筑节能等级要求，再加强总体规划阶段综合采暖热指标的选择。当具体明确好规划阶段各地块建筑面积之后，还提高对各地块热负荷的关注度，并根据各地块的建筑面积，加强对分类建筑热指标的应用，明确供热面积，与此同时还应注重对建筑采暖热指标的明确[1]。

2.2 热源规划

在总体规划阶段中，根据热负荷计算值应充分考虑好两个方面：一方面是热源布局；另一方面是规模大小。就城镇集中供热热源从技术层面上进行分析，尽可能与负荷中心近点，通过这种布局方式促进管网经济和水利之间的平衡，但是大型热源由于考虑的方面比较多，无法在城市繁华区域合理布置。所以，在进行规划的过程中适当进行取舍，且为实现热源规划，首要做的是将城镇发展的实际需求充分考虑好，避免给城镇带来一定的影响[2]。在详细规划阶段，高度的重视热源位置和用地加以明确，针对设施用地控制提出了具体要求。

2.3 热网布局和水利平衡计算

蒸汽管网和热水管网作为供水管网所划分的重要部分，且在一些城镇规划的过程中，不仅以采暖为主还以热水暖负荷为主，所以热水管网运用比较多，按照布置方式可为两种：一种是枝状管网；另一种是环状管网，且就当前情况来看枝状管网已经逐渐渗透在供热规划中，并得到了广泛的应用[3]。

在总体规划阶段中，不管是热水管网主干线路的走向还是管径的大小，都需要采取有效的方式将其明确下来，在详细规划阶段并加强管线布局形式和明确管径大小，待实现水利平衡计算后，注重对热网走向的完善调整，不断地提升水利平衡的水平。

3 小城镇采暖存在的问题

首先，建筑用能总量大，能源利用效率低。对于小城镇而言，还存在一系列的问题，尤其是建筑用能总量大，没有使能源得到合理利用的问题。就当前的情况来看，一些小城镇生活用能的总量已经超出上亿tce，而且在用能这方面主要通过燃料直接燃烧，燃烧的效率发生浪费的现象；其次，建筑缺少对节能措施的应用，能耗大。经过相关的调查得知，一些小城镇住宅通常是自行设计的，而且还没有技术规范，所以在具体建设期间缺少对节能方法的应用，建设人员节能意识不强。围护结构基本上以黏土砖为主，门窗主要应用的是玻璃材料，这种情况难以确保建筑的保温隔热性能[4]。（图2）

4 实现小城镇清洁供热绿色规划的方法

4.1 转变居民取暖方式

一些小城镇地区群体还没有意识到改用清洁取暖方式的重要性，在这方面还没有形成共识，还有的居民由于一些问题在取暖这方面没有选择清洁供热方式，进而影响到这种方式推广的使用，所以对于各地政府而言有必要加大宣传力度开展各种各样的宣传活动，以清洁供能的社会效益和安全效益作为宣传内容，全面进行宣传，进而不断地提高环保意识，使

图2 农村传统燃煤锅炉

其树立新的取暖观念，逐步重视清洁供热的优势[5]。

4.2 做好顶层设计、试点先行

首先，小城镇清洁供热在短时间内难以实现，不仅具有长期性还具有艰巨性，所以有必要结合当地的实际条件，注重调查研究并在落实好基础之上，加强对相应实施方案的制定。并在试点示范背景下，获取一些经验，再从现有的小城镇清洁供热政策和法律以及供热设施标准基础之上加以规范，而且还应积极地优化并完善市场运行机制，让其覆盖面不断扩大；然后，因地制宜、形式多样，根据各种能源结构和用能需求以及居民采暖习惯等特点，既要应用集中的方式也要紧密融合分散的方式，并遵守因地制宜的原则，加强对供热方式选择，注意所选择的方式与小城镇的居民实际情况要相符合，进而促进小城镇供热多元化的发展；最后，统筹兼顾、绿色环保，根据各个方面的工作统筹推进小城镇地区供热，尤其是能源开发利用和大气污染防治以及脱贫攻坚等工作[6]，并加强对供热技术和设备的选择，而且所选择的技术和设备不仅要生态环保，还要安全可靠。（图3）

4.3 "煤改气"要注重天然气清洁燃烧

从当前小城镇"煤改气"实施的情况来看，在具体实施的期间还面临一些问题，比如

图3 适应小城镇的供热解决方案（空气源热泵）

由于没有降低氮氧化物排放量，如果到了雾霾的天气便不会达到预期目标。所以，在进行"煤改气"的基础之上，应高度重视氮氧化物的排放量，尽可能达到减少目的，并加强对基础设施的开发引进，进而使其能降低氮氧化物的排放量，全方位实现清洁燃烧，让天然气的价值得以展现[7]。

4.4 "煤改气"要注重发电效率

电供暖方式相对而言比较多，但有的方式并不是清洁供热。且就当前的情况来看，高成本电暖会给小城镇群众带来经济压力，产生一定的负担，这就需要提高对各种供暖方式发电效率的关注度。同时，意识到供暖效果与发电效率兼顾的发电方式的重要性，这也是最佳的一种方式，进而使其实现电供暖。

5 小城镇清洁供热规划的发展新模式

针对区域能源系统的不同，国家的利用有一定区别，有的是各个方面给定的情况不同，尤其是气候和城市密度以及可用能源等，根据不同的监管框架，建筑传统解释了各个国家区域供热存在差异性。所以，本文根据我国城市供热基础设施现状发展的实际情况，提出了以下几点有效的小城镇清洁规划发展模式。

5.1 低品位余热和电、天然气协同的城镇热源结构

低品位余热包括一些工业低品位余热，尤其是热电联产和电厂乏气余热等，其中供热的基础的负荷作为其承担的内容[8]。电力还可作为驱动能源配合利用低品位热源，而对于天然气而言，作为城镇集中热网调峰热源，其中主要以低品位热源为基础。从为避免出现大气污染的角度上来看，燃煤热电联产应加强对于城市中心比较远的燃煤热电厂选择，并将其作为热源，其余全部为工业余热等清洁能源供应。城镇需要充分考量一定比例的城镇电源，其在城镇中，应实现对天然气热电联系统的控制建设，与此同时将电力调峰兼顾好[9]。在节能方面形成供热能源结构，且要以低品位热源为主，从某种程度上来看将独立锅炉房供热取替掉，达到降低城镇供热能耗的目的。

在蓄热运行的过程中，为达到让热电机组发电出力逐步减少的目的，可适当增加抽气，并实现对电热泵消纳的设置低谷过剩电力，在制取低温水的同时实现对高温水的制取，分别将其在自然分层式蓄热水罐中储存，且针对过剩电力，对于低谷期蓄能热泵进行分析能将其消耗掉，把低温罐中储存的余热向高温罐中转移。在放热运行期间可由减少抽气增加热电机组发电出力方式，在高温罐和低温罐中将其储水合理释放出来，进而让其抽气所带来的排汽量变化达到平衡[10]。

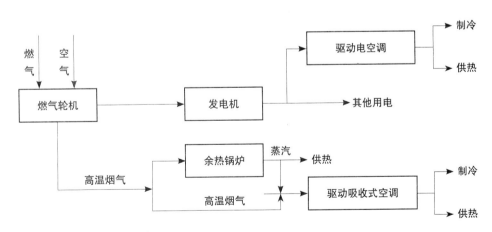

图4 热电冷三联供流程示意图

5.2 低温供热是低品位热源利用的关键

降低城镇热网回水温度作为低温供热最重要的一项特征，建筑物主要以低温采暖末端为主，进而达到降低二次热网供回水温度的目的。而热网供水温度有必要将相关因素充分考虑好，一方面是低品位热源高效经济利用，另一方面是热网输送能力元素。针对热电联产等远离城市中心热源，供水温度130度，城镇中心以及附近，一定程度上可适当降低供水温度[11]。在实施低温供热实施期间既要加强对过渡技术的应用，还要采取有效的措施，并结合城镇供热系统的实际现状全面实施，进而达到降低供热温度的目的。

5.3 热网呈现长输距离超大管网趋势

通常情况下低品位热源具有容量大和远离负荷中心等特征。单一热源的供热能力比较大，而且会将其分布在与城镇中心距离比较远的地区，还需要超大规模供热管网长距离输送至供热负荷中心。在热网这方面，超低温回水温度形成热网大温差供热，一定程度上不断地提升热网输送能力，促进大规模远距离输送热量，且从经济合理视角上来看，可以把百公里以外的热源送至城市。但在进行长距离输送期间，这种原本封闭式循环且温度较高的热网系统需要考虑好一些问题，尤其是如何避免水击给管网承压带来影响等问题，要不断地保护好热网安全水平，使其更好地解决安全问题，有必要的情况下需引入先进的技术手段[12]。

5.4 以智能化监控运行调节为特征的城市智慧供热系统

加强对能源互联网平台的应用，促进智慧热网系统的构建，不断提升建设水平，进而促进供热服务综合管理信息数据平台和供热系统以及供热质量、供热能源消耗和储备信息监测系统的形成（图4）。一定程度上不仅在供应还是输送以及消费方面使其实现一体化协同，还能实现供热系统安全运行监测，促进监测效率的提高，避免存在过量供热现象，使其供热设施处于良好的运行状态，不断地提升安全性和可靠性。（图5）

5.5 超低能耗与模块装配式相结合的乡村近零能耗建筑

北京大兴的"零舍"院落设计对适应单层院落布局的近零能耗建筑空间体系进行了改进。院落将建筑分为形体简单的三部分，并用被动式太阳房和楼梯间风塔连接气密性单元，实现增强冬季热辐射和引导过渡季自然通风的作用。

建筑试验了一种低成本的装配式居住模块。采用轻钢体系与OSB板复合的模式，内填外贴两种保温材料，以稳定系统的传热系数和气密性。从结构到内装修的标准居住模块在工

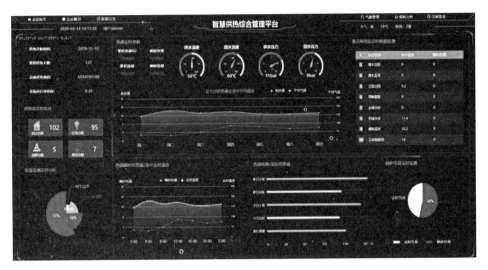

图5 智慧供热管理平台实时监测供热参数

厂就已完成，三个模块在现场组合，成为一套功能完善的居住单元。坡屋面用天窗实现天然采光，同时利用光伏瓦提供电能。

运行阶段实现近零能耗，可最大限度减少空调、采暖、照明的能耗及碳排放。生产建造阶段调用乡土材料及当地的施工人员，以此减少运输施工的碳排放。通过上述减碳策略，每年可减少碳排放7.6吨。（图6）

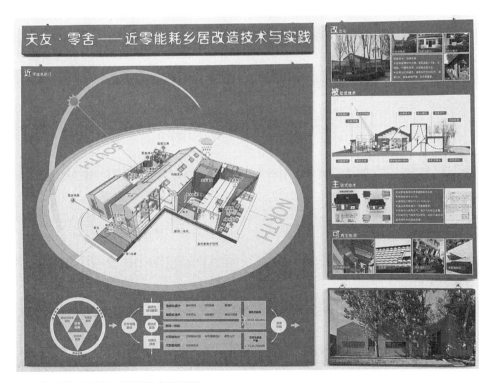

图6 "零舍"清洁能源利用技术展示图

6 结语

总而言之，在小城镇能源基础设施中，供热系统作为最主要的组成部分，再加上由于供热工程是民生工程，所以为了促使小城镇清洁供热规划的发展，更应加强对规划发展模式的研究，呈现出新的小城镇清洁供热规划的发展模式，且要具备高效性和清洁性、经济性，最重要的一点就是改善人居环境，创造和谐社会。

参考文献

[1] 张喜明，李钊，刘俊锋，张帆. 集中供热系统换热站节能优化分析[J]. 吉林建筑大学学报，2021，38（06）：29-33.

[2] 陈佳敏，王贵强，夏恒玮，于钧任. 集中供热系统建模与分析[J]. 节能，2021，40（11）：4-7.

[3] 张亚琼. 集中供热系统中热网的电气自动控制分析[J]. 信息记录材料，2021，22（11）：246-248.

[4] 张建国. 碳达峰碳中和背景下推进供热低碳转型的路径思考[J]. 中国能源，2021，43（09）：32-37.

[5] 周强. 集中供热系统的影响因素及运行优化调整[J]. 节能，2021，40（09）：20-22.

[6] 郭建华. 工业集中供热系统设计及运行探讨[J]. 电力设备管理，2021（09）：107-109.

[7] 高露. 堃霖空调在霍州煤电集团干河煤矿清洁供热改造工程项目中的应用[J]. 机电信息，2020（28）：70-71.

[8] 陈向国. 实现清洁供热产业可持续发展的六点建议[J]. 节能与环保，2019（07）：22-23.

[9] 刘婉冰. 创新方法 实现清洁供热绿色规划[J]. 前进论坛，2019（05）：31.

[10] 中国城镇供热协会副理事长刘荣：京津冀清洁供热要有大数据、信息化、互联网支撑[J]. 环境经济，2018（17）：7.

[11] 钟崴，陆烁玮，刘荣. 智慧供热的理念、技术与价值[J]. 区域供热，2018（02）：1-5.

[12] 小柯. "百个城镇"生物质热电示范项目建设启动[J]. 中国设备工程，2018（05）：1.

13 小城镇郊野公园建设规划的注意点

赵 超[①] 丁一凡[②]

摘要   郊野公园是作为保育环境及康乐用途的公园，小城镇是基层社会结构中最为活跃的单元，在近年的乡村振兴战略实施过程中，很多地方的小城镇风光面貌得到了极大的改善、美化，在小城镇建设规划郊野公园要因地制宜、接近乡土、生态适宜，更要体现出长期的人居环境友好性、可维护性。

关键词   郊野；生态修复；郊野公园；发展规划；环境建设

[①] 赵超：江苏常地房地产资产评估勘测规划有限公司，总经理；邮编：213004；E-mail：cdgjs2003090@sina.com；地址：江苏省常州市太湖东路158号府翰苑3栋5楼。

[②] 丁一凡：中国建筑设计研究院有限公司，副高级工程师。

1 引言

在近年的乡村振兴战略实施过程中，很多地方的小城镇风光面貌得到了极大的改善和美化，尤其是乡村治理的环境越来越美好，小城镇的建设也表现出了一定的活力，促进着小康社会和城镇一体化的进程。

国内许多地区，小城镇郊野公园建设的最大优势就是土地成本不高，但是，小城镇郊野公园的建设规划体量多数也不大，小城镇对景观公园、休闲公园、运动公园的需求是客观的，是现实的。因此，需要根据当地的实际地形地貌、地理风貌以及人口分布和流动、交通出行、游玩方式等进行必要的规划，进行因地制宜、适当发挥、体现地方特色的建设思路。

2 小城镇郊野公园建设的必要性

随着城市化进程的加快，许多城市面临着紧张、复杂的人地关系，城市中心用地紧张了，自然会向着郊区化方向发展、推进。小城镇郊野公园建设，可以改进小城镇城郊接合部的生态环境、地理风貌，而且还可以给人们提供游乐、健身、运动和休憩的场所，提高了人们的居住体验感、生活幸福感。

现阶段，郊野公园的选址在城市边缘区，在中小城镇或大城市，其边缘区是城乡过渡地带，用地大都以农业为主，此外城市的形成，也都是由原来的乡村与耕地发展而来，尤其是中小城镇，虽然在城市化的道路上迈着矫健的步伐，但是其城市周围还保留着深深的乡村烙印、自然风光和环境风貌，有待进一步规划、建设、利用空间。

近年来，一些小城镇不重视农村土地的保护和利用、土地撂荒问题突出，小城镇稳定人口不乐观，居住环境也有待改善，小城镇现代绿色农业展示不充分，小城镇缺少供本地人运动、休闲活动的场地。基于此，进行郊野公园建设是很有必要的。此外，由于城市郊区是城乡结合地带，是一个边界模糊的区域，城市规划往往只重视中心区建设，忽略了城市边缘的维护，迫使郊区遭受农业污染、生活垃圾污染及工业污染，生态环境持续恶化。此外，由于城市过度建设、滥砍滥伐，使得郊区价值极高的自然生态资源、农业用地，尤其是耕地被盲目蔓延的钢筋混凝土无情地吞噬，造成郊区生态安全系统变得脆弱，城市失去了绿色保护圈、生态缓冲地带。由此产生一系列的自然环境、社会治理、交通出行等现实问题，逐渐沦为城市的冻疮、伤疤。随着人们生态意识的觉醒，生态文明建设与可持续发展逐渐成为研究热点，各地区开始重新审视城乡交接地带的景观打造、绿地建设、规划利用，目光也随即转向郊野公园、运动公园的规划建设。

3 郊野公园规划设计的几个代表案例

近年来，上海市规划建设了几十座郊野公园，按照规划布局和近期实施可行性，已经建设、开放了青浦区青西郊野公园、松江区松南郊野公园、闵行区浦江郊野公园、崇明县长兴岛郊野公园（图1）、嘉定区嘉北郊野公园。以此作为率先试点，这五座郊野公园总面积约100平方公里，陆续建成开放，获得了很好的城镇建设、环境改造效果，也促进了城市郊野风光和附近城镇的经济活力。此外，国内还有诸多的郊野公园案例代表。

3.1 三圣乡白鹭湾湿地公园

白鹭湾湿地公园，位于成都市锦江区三圣花乡观光旅游区，在三圣乡幸福梅林旁，属于人工湿地类型。这里鸟语花香，生机盎然；这里绿树成荫，波光粼粼。木栈道、石板路，翻飞的白鹭，精致的绿化……若不是偶尔听见绕城高速上的车流声，真可以说是都市里的桃花源。白鹭高飞，蜻蜓低翔，一大群麻雀忽地扑腾而起；步道栈道，曲折蜿蜒在山坡、湖边、花丛中，亭台楼树，移步换景，宛若一幅山水画，带给成都人又一种清新体验。泛舟湖中，可尽享湖水微波荡漾，湖畔万木葱茏的柔美意境；虽紧邻现代都市，却完全没有城市的喧嚣。（图2）

图1 崇明县长兴岛郊野公园入口

图2 白鹭湾湿地公园一角

3.2 临安玲珑山郊野公园

临安玲珑山，位于浙江省临安古城钱王大街西端，玲珑山历史悠久，文化内涵丰富。昔日苏轼、黄庭坚等名士几度登临，并留下许多诗篇和美丽的传说。因而，概念设计上突出强调的是：（1）目标与定位：充分利用生态资源及良好的旅游资源，紧扣生态、人文、环保、和谐、安全的主题，营造"尊重自然、注重游憩、突出文化、优化空间"的郊野公园。充分体现山地景观的观赏性、参与性、休闲性、生态性，为游人提供一个可玩、可赏、可停、可游、寓教于乐的自然山林空间。（2）功能分区：玲珑山郊野公园概念规划为野趣乐园区、滨河游赏区、休闲游憩区、文化游憩区、科普游憩区、自然游憩区、生态保育区。临安郊野公园概念规划以休闲路径、漫步路径、文化路径、科普路径、远足路径为主的五大郊野游憩板块。休闲路径是人车共存的硬质山道，一个龙头的轮廓，由主入口进入，以郊野乐园（烧烤区、工业园）、小瀑布、老龙角的溪水涧、龙眼岩、收春亭为主要游览节点。漫步路径是以木质地板为主的山道，以卧龙潭为中心，以水上餐厅、滨河漫步道、趣味钓鱼区为主的游憩区。文化路径是以踏步为主的山道，以玲珑胜境、玲珑泉、九折岩、三修亭、卧龙寺、钟楼、电视台发射台为主要游览节点。科普路径的陡坡是以踏步为主的山道，缓坡是以大石块铺设为主的山道，沿路为动植物生态展示牌，设有攀树区和攀岩区。介绍自然风光、动植物等科学知识，集游乐、健身、教育于一体的自然小道。远足路径是以自然缓坡为主的山道，形似一条"龙脊"，供市民锻炼健身、远足，在山道周边设有自助休息亭，饱览城市美景。

此外，设施规划上，体现了：（1）路标，路标建设体现生态、融入环境为原则，在线路入口、分叉处均应设置路标，内容包括名称、方向、离出发点距离、达到终点距离等，材料使用水泥仿木材料制作。（2）道路，道路采用碎石块石路面、混凝土仿木，结合地形地貌，以更自然的面貌，使人们体验郊野的乐趣。（3）路灯，路灯采用自然环保的形式，由竹子编制而成，具有临安竹文化特色。（4）文化科普解说设施。在道路两侧竖立水泥仿木科普说明牌以及悬挂植物解说牌，并配以相关的诸如小型生态观测站、小品等的设施，分别进行科普教育和相关植物知识介绍。在文化路径设立水泥仿木文化说明牌，介绍摩崖石刻、文人古迹。（5）亭、台、轩、榭，建筑以通透、轻盈的构架为主，减少对山体的压迫感。

3.3 芮城县黄河淤背区郊野公园

芮城县黄河淤背区郊野公园的规划建设一共建设郊野公园6处，面积约67.7公顷，分别位于席家庄、小鲁庄、堰头（图3）、石济客专、凤凰路黄河大桥（图4）、大柳店附近。共栽植苗木1.8万余株，播种宿根地被35万平方米，建设生态停车场4700余平方米，铺设广场9500平方米、园路1.4万平方米、绿道1.7万平方米，修建厕所6处、廊架7处、景墙10处，铺设灌溉管线近1.3万米。6处沿黄郊野公园丰富了沿黄风貌景观带亮点，营造出集生态性、景观性、功能性为一体的沿黄景观休闲体验区，打造了亲近自然、人民共享的黄河风貌景观廊道节点。这些郊野公园的建成，成了市民休闲的好去处。

按照规划设计，这6处郊野公园分别以"金叶绚秋""海棠萦堤""碧桃春晓""浪漫粉黛""菊野寻踪""豆梨秋韵"为植物景观特色，乔木以白皮松、银杏、白蜡、国槐、朴树

图3 堰头郊野公园

图4 凤凰黄河大桥郊野公园

为主，地被以大花金鸡菊、波斯菊、黑心菊、石竹等宿根地被花卉为主，打造疏林花海景观。公园构筑物像石笼景墙、石笼坐凳、廊架等采用石、钢、木结合的手法，展现自然、生态、古朴的郊野特色。

3.4 日照市南湖镇黄山郊野公园

黄山郊野公园，位于日照市东港区南湖镇，东黄山前村以东、城山以南区域，建设占地50公顷，以保持自然生态环境为主，为市民打造一个观光游览、休闲娱乐、休憩健身的活动场所。项目以康养小镇北侧核心区50公顷为本次重点设计范围，核心区外围面积116公顷为次要设计范围，包含黄山山体、核心区以北，城山以南范围，总面积约166公顷。项目定位为结合城市公园部分功能的郊野公园，尊重现有土地性质，要有鲜明的艺术性和浓厚的文化内涵，要求与周边远期发展作为整体进行考虑，须具有日照当地特有的艺术风格，打造引领现代人生活需要的景观，强调其唯一性，并体现其地域文化，树木花草的设计要求作为环境的一个表现因素，要精选品种与规格，精心布置，并体现与整个场所竖向环境的有机融合，做有深度、可落地的景观设计。

4 小城镇郊野公园建设规划的注意点

郊野公园规划遵循"坚持生态优先、彰显自然特色、适应游憩活动、体现地域特点"的原则，以生态保育为前提，注重环境效应，促进自然生态修复和环境优化，整合农田、湿地、林地、水网等要素，体现本地区人文山水、乡镇文脉和自然野趣，科学组织当地人口的游憩、休闲、健身、科普等多样化户外活动。

4.1 注意明确规划建设的原则与立足点

郊野公园不同于普通的城市公园和森林公园，它更注重"原汁原味"和野趣，规划遵循"坚持生态优先、彰显自然特色、适应游憩活动、体现地域特点"的原则。小城镇郊野公园项目的建设，不仅承担着吸引游客、丰富旅游资源布局、服务小城镇居民生活的多项功能，也是满足本地城镇居民、群众需求，带动城郊三产融合发展，打造产业兴旺、生态宜居小城镇的关键一步。要立足小城镇定位，高标准打造集观光休闲、康养运动为一体的郊野运动公园，兼容并包细化公园规划，带动配套产业发展，打造乡村振兴精品工程。

小城镇郊野公园项目在高标准建设、一次性建成的同时，要追求项目的高性价比。（1）要处理好时间维度关系，统筹公园日间和夜间管理模式，完善夜间安全、亮化、监控等功能服务，最大限度地利用当地景色，打造春、夏、秋、冬四季特色景观。（2）要处理好功能定位关系，综合考虑标准化体育设施、公园文化元素等建设需求，发挥各类项目对群众、游客的牵引带动作用，从运营维护的持续性出发，结合实际，调整部分不适宜的规划布局。（3）要抓好小城镇绿化建设，务必搞好绿化建设，特别是城镇周边、主要进出口等主干道路、重要点位等作为绿化重点，要因地制宜，突出特色，形成规模，做出水平。

4.2 注意在规划建设中与各部门的协调

从设计愿景、目标、原则等方面出发，与城镇地方的文旅、体育、卫健、住建、城投等部门、负责人密切交流、充分协调设计与建设中的职能、任务，不断完善策划方案，提出优化和改进的意见、建议。就郊野运动公园的平面设计、功能分区、交通规划、投资测算等策划情况要及时汇报、交流和总结。地方文旅等职能部门要在小城镇郊野公园建设项目的前期策划工作中，及早介入，做好文物勘探、土地规划等工作，为项目推进打好基础；城镇政府部门应该做好配合、认真研判，做好公园与住宅区过渡段的产业发展规划。

4.3 体现小城镇现代绿色农业的发展特色

郊野公园应服务好小城镇农业生产的大方向，应该优化小城镇郊野公园内的农业布局规划，安排一部分土地用于发展绿色有机农产品的种植和养殖；安排一部分区域用于当地农产品的展示和销售，如当地特色知名种植（养殖）品种、绿色生态种植（养殖）工艺、第一、第二、第三产业融合成果等，让游客可以亲眼目睹小城镇有机、绿色生产过程。

4.4 注意保障使用后期的管理与维护

一方面，加强景观、绿化、林木的管理与保护，强化环境污染治理、林业有害生物防控，重点防治地方性的生物病虫害；另一方面，抓好道路、设施管理、森林防火工作，尤其是要对投入使用后的植物养护、日常维护，保持规划设计与实际效果的完整性、完美性。

5 结语

在郊野公园的规划设计中，除了以上之外，还有一个值得重视的问题，就是怎样实现郊野公园生态效益与经济效益的统一，其实质也是郊野公园的分区规划问题。而在规划设计中也有三个问题需要清楚，分别是景观塑造、功能选择与容量控制。在景观塑造上，建议郊野公园景观风貌设计应立足当下的资源和场地特色，以自然野趣为基调，以田园风光为特色，强化场地原有景观风貌，突出现状景观资源价值。在不进行大规模改造的同时，还应对原始风貌受到破坏的区域进行修复，提升景观品质。针对郊野公园所特有的农田、林地、水系、村落等要素进行典型景观设计，可根据不同区域自然资源的特点组织景观风貌分区，明确各分区的景观特色。此外，不应忽视对郊野公园文化氛围的保护。应围绕生态主题开展符合郊野环境特征的、凸显自然人文特色的、大众化的游憩活动。应保护郊野公园的历史文化资源及其物质环境不受破坏，在保护其完整性和原真性的基础上加以利用。可通过提升生产生活方式、增加游憩功能等方法，可持续地展示和利用历史文化资源，通过个性化的标识设计等手段，体现各郊野公园不同的历史文化特色。应因地制宜地布局游憩功能区和游憩项目，设计适合不同人群和不同游程需求的游憩线路。应合理布局服务配套设施，根据公园的位置增加一些游客对项目的参与。

总之，郊野公园是保护城市生态环境、提升城乡景观空间层次和游憩功能的重要载体，已日益成为城镇生态空间发展的重要资源，本文期待有更多的规划师、设计师对郊野公园进行持续探索和研究，并创造、建造出越来越多美丽的郊野公园，让身处小城镇的热门生活更加美好、环境更加怡人。

| 参考文献 |

[1] 曹立君. 郊野公园的设计营造探索[J]. 中华建设，2018，(9)：90-91.
[2] 日照市黄山郊野公园景观设计项目招标公告，2022.
[3] 楼陈玲. 郊野公园的理论研究与规划实践[J]. 建筑与装饰，2020（17）.
[4] 李信幸. 郊野公园的特征及规划设计要点[J]. 卷宗，2019（35）.

14 浅谈小城镇和传统村落可持续提升改造中给水排水工程的应用

赵子晴[①]

摘要　　本文从小城镇和传统村落概念概述及给水排水应用入手，浅析了可持续提升改造中可应用的给水排水工程措施。措施对小城镇和传统村落可持续发展的作用在于实现资源的有效利用和降低对环境的影响。具体包括建筑室内的节水、节能，建筑小市政管网的建立及优化。节水从用节水型器具、对供水设备选择和采用中水回用技术着手。节能主要考虑热水供应系统，包括控制热水系统能耗和采用清洁能源等。建筑小市政管网的改造主要是排污水和排雨水设施。

关键词　　小城镇发展；传统村落可持续提升改造；给水排水工程

---

① 赵子晴：中国建筑设计研究院有限公司，给水排水设计师，邮编：100044，E-mail：zhaozq.au8gust@gmail.com。

1 小城镇和传统村落概念概述及给水排水应用

1.1 小城镇的概念及发展特点

小城镇是介于城乡之间拥有特殊地位的一类行政体制（图1）。小城镇狭义上是指除市以外的建制镇（包含县城），这一观点较符合《中华人民共和国城市规划法》的法定含义，广义上小城镇的范围除了狭义上的建制镇和县城以外还包括集镇[1]。建制镇是经省、自治区、直辖市人民政府批准按国家行政建制设立的镇，是农村一定区域内政治、经济、文化和生活服务的中心。根据1993年发布的《村庄和集镇规划建设管理条例》，集镇则是指乡、民族乡人民政府所在地和经县级人民政府确认由集市发展而成的作为农村一定区域经济、文化和生活服务中心的非建制镇。

1.2 小城镇的特色发展中给水排水工程的作用

小城镇的给水排水工程与城市给水排水系统不同，城市的给水排水系统相对完善，小城镇的基础配套设施则有一定程度的落后。小城镇的给水排水

图1 小城镇

现状存在着改进空间。有些地区的给水无固定自来水，热水供应也得不到保证，建筑室内的污水废水排水体制不规范、不环保，以及没有完善的市政管网和污废水处理及再利用的机制。

小城镇的给水排水工程发展可按如下考虑：比如给水从最初的自备井到接入城市自来水，从自来水的按时供应到全天不间断供水。热水从自家煤炉烧水到引入天然气（燃气壁挂炉），再到在可利用太阳能的地区推广太阳能热水器。北方供暖方式由用煤烧坑到改为暖气片或空调供暖。

2 传统村落的概念概述及给水排水应用

2.1 传统村落的概念及提升改造

对于传统村落的概念，在住房和城乡建设部、文化部、财政部三部门印发的开展传统村落调查的通知中指出"传统村落指村落形成较早，拥有较丰富的文化与自然资源，具有一定历史、文化、科学、艺术、经济、社会价值，应予以保护的村落。"传统村落中蕴藏着丰富的历史信息和文化景观，是中国农耕文明留下的最大遗产（图2）。

2.2 传统村落的提升改造中的给水排水应用

对于传统村落的提升与改造，基于其独特的历史文化意义，应更加注意发展中的保护性，对于列入《国家传统村落名录》的村落应避免旅游性开发和旅游相关的配套建设。

传统村落根据其地理位置的差异各具特色和风貌，对于水环境丰富的传统村落，要在充

图2 传统村落

分考虑水环境影响的条件下进行给水排水设计，包含对传统水生态设施的修复利用等。不能盲目地照搬城市治水经验，要在对传统治水空间研究的基础上，实现对传统治水空间的文化复兴[2]。

3 小城镇和传统村落的可持续提升改造

可持续发展是科学发展观的基本要求之一。可持续发展的定义是"既满足当代人的需求，又不对后代人满足其自身需求的能力构成危害的发展"。它是综合考量自然、社会、经济和科技和谐性的发展。

深入贯彻可持续发展理念，以自然气候为着眼点，为了控制过多温室气体排放造成的全球气候变暖的问题，我国提出碳达峰和碳中和的概念。碳达峰是指我国承诺2030年前，二氧化碳的排放不再增长，达到峰值之后逐步回落。碳中和是指企业、团体或个人测算在一定时间内直接或间接产生的温室气体排放总量，然后通过植物造树造林、节能减排等形式，抵消自身产生的二氧化碳排放量，实现二氧化碳"零排放"。为实现这些目标，需节约资源能源，进行资源再利用。

给水排水工程对于小城镇和传统村落可持续发展的作用在于通过给水排水技术措施实现资源的有效利用和降低对生存环境的影响，具体包含节水、节能、水的收集处理与再利用等方面。

从可持续发展的角度考虑，小城镇和传统村落需要在工业经济发展的同时，加快基础建设，在给水排水工程方面因地制宜，结合南北方的不同特点进行提升改造。如北方小城镇和村落要更注意缺水给水的问题，可在中水处理回用中多加关注。北方冬天平均气温会更低，对需要的保暖措施要求更高一些，要在管道抗冻、管道材料耗能性选择方面更为重视。南方雨季多，可在做好城市排水管网、防涝的同时，考虑雨水处理回用于农田灌溉等。

4 小城镇和传统村落的可持续提升改造的具体分析

从给水排水工程应用的角度，为实现发展和可持续提升改造，可从室内建筑给水排水的技术、室外小市政给水排水工程建设来讨论。

4.1 建筑室内的节水节能技术

建筑室内给水排水的节水节能技术和绿色建筑的施行有密不可分的关系。绿色建筑是指能够达到节能减排的建筑，绿色建筑的设计理念主要包含节约能源、节约资源和回归自然。

通过推动和引导，将现有小城镇和传统村落结合地方特色、按地方绿色体系进行绿色建筑改造，实现生态化更新和可持续发展。从节水和节能的建筑给水排水工程应用出发，发展和改造提升可从以下几个方面展开：

（1）节水

建筑给水排水工程中的节水措施可从使用

节水型器具、重视供水设备选择和采用中水回用技术着手。

①节水型卫生器具

小城镇和传统村落的现有卫生器具的使用情况中，节水型器具使用率不高[3]。可能因在考虑短期经济支出的情况时不会倾向使用市场价格更昂贵的节水器具。此观念需要改变，在新设计使用选择器具时要使用符合节水器具相关标准的节水器具，在进行改造时对能予以改造提升的部分使用国家标准/行业标准或地方标准推荐的节水型器具与配水管件（图3）。相关标准有《节水型生活用水器具》（CJ/T 164—2014）、《节水型卫生洁具》（GB/T 31436—2015）。可考虑使用的器具有节水龙头、节水水箱、自动控水系统等。节水型的卫生器具虽然可能在前期投入相对较大，但从长远看，节水器具的使用对水资源的节约有着重大的作用。

②二次供水技术

科学的二次供水技术可以减少水资源的浪费，对于直供水不能满足供水需求的区域，需采用二次供水。二次供水有以下要点：一是二次供水要注重供水设备的选择，节能型二次供水增压设备应在考虑之内；其次通常安装减压装置使得水压降到0.2MPa以下，在满足用户舒适度的基础上避免因水压过高造成的用水浪费；另外采用变频调速泵组可以减少电能浪费[4]。

③中水回用

中水是相对于上水（给水）和下水（排水）之间的概念。中水是指排水经过水处理以后达到规定的水质标准，可在一定范围内使用的非饮用水。一般用途是用来道路冲洗、车辆冲洗、冲厕、绿化浇灌等[5]。随着社会发展，对水资源的需求也逐步增加，利用中水回用技术，对可使用的中水水源（如冷却水、洗浴水、雨水等杂排水）进行处理，既可减少污染，又在一定程度上实现了节水，具有显著的经济效益[6]。中水回用时需遵循相关的规范和标准，主要有《生活杂用水水质标准》（GB/T 18920—2002）、《建筑中水设计规范》（GB 50336—2002）和《城市污水再生利用景观环境用水水质》（GB/T 18921—2002）。

近几年，国内不少城市都建设了中水回用，比如北京的高碑店污水处理厂经过升级改造为处理规模达30万平方米/天的中水回用工程，回用水实现了以下用途：河道湖泊补水、道路喷洒用水、园林绿化灌溉用水、工业冷却用水等[7]。小城镇和传统村落的中水回用处理可借鉴现有城市的成功经验，因地制宜，利用好中水回用技术实现水资源的可持续利用。（图4）

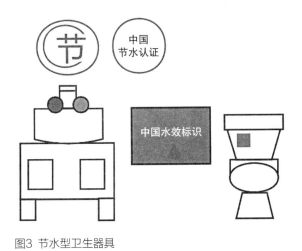

图3 节水型卫生器具

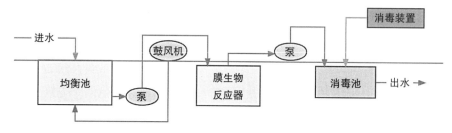

图4 中水回用典型工艺图

（2）节能

建筑给水排水设计中对于节能的考虑主要在于热水供应系统，也就是有效控制热水系统的能耗和采用绿色能源。

①避免不必要的热水系统的能耗

包括对陈旧系统维修和更换，采用节能产品、合理确定冷水加热温度，降低热水使用温度等。

②采用可持续、可再生的绿色能源

对于日照、辐射量和气温满足规范[8]条件的地区，可根据实际情况，合理采用太阳能热水系统。太阳能热水供应系统相比传统热源更为节能环保。

太阳能热水系统使用的核心是集热器，集水器主要有两种形式——真空管式集热器和平板式集热器。就目前市场太阳能的使用经验来看，多风沙、冬季严寒的北方更适合真空管式，而南方更多地使用安装更便捷、易于模块化的平板式。太阳能集热器形成了"南板北管"的格局[9]。（图5）

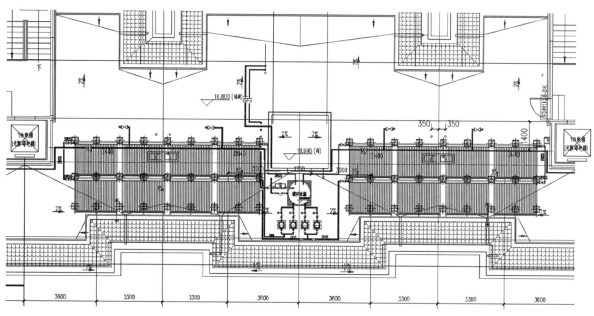

图5 太阳能发电

近几年，天津部分村镇经历了从用煤烧坑供热到淘汰烧煤改为电供热或天然气供热。电供热指通过热空调采暖，天然气供热则是采用燃气壁挂炉。这些变化无疑贯彻了节能减排、可持续发展的需求。

小城镇和传统村落的提升改造施行时，应充分考虑以上节能措施，走可持续发展的道路。

4.2 建筑小市政管网的改造提升

小城镇和传统村落的现状中，市政管网的铺设和市政基础设施的覆盖率还有待发展。要在发展、提升改造的过程中，注入可持续发展理念，主要从排污水设施和排雨水设施两个方面进行建筑小市政管网的改造优化。

（1）污水管网现状与改造

据调查，天津部分下属城镇近几年完成了污水系统的升级改造。农村自建房的污废水收集处理经历了如下阶段：首先，通过自家建小型的集粪池，自行定期清掏；其次，通过政策下行，在合适位置建立大的集中粪池，将各户的小集粪池埋管引到大坑中；最后，政府出资完善污水管网，建立检查井，将各户化粪池接入市政污水管网，接入污水处理厂集中处理。

对于污废水的有效收集和合理处置是污水系统建立的重要目的。结合现有的成功工程实例（如上文提及的天津城镇的例子），对现有小城镇的排水体制进行摸底调查后进行提升改造。对没有发展建设起污废水排水系统的，结合地势地形污水量等因素因地制宜地选用合适的污废水收集处理措施。对已有污水管网建立的地区，对没能很好发挥作用的老旧系统要合理改造，比如清淤疏通管道、选用更优的新材料更换破旧管道等。（图6）

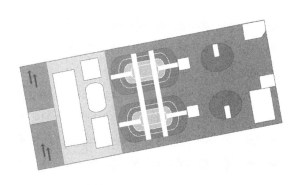

图6 小城镇污水处理厂

有些依山傍水的传统村落在污废水处理时有其不同于小城镇的特殊性——可以利用现有的天然地势进行排水生态设计。如利用水塘的自净能力，可将厨房杂排水在经过格栅和充氧沟渠跌水后排水入水塘。对于现状厕所是旱厕的，将集粪池清掏入田做生态肥料。对于现状是水冲厕所的，将污水收入化粪池，在优先还田的基础上，溢流水入跌水充氧沟渠经过生态湿地处理后排入水塘。

（2）雨水管网现状与改造

小城镇和传统村落的雨水多为散排，沿着自然沟渠或沿着道路边沟排入河道，还未实现完善的雨污分流排水体制。对于雨水量大的区域，需要避免雨季时的内涝风险，可通过设计建立完善的雨水工程系统，铺设雨水管网，修建泄洪渠，利用排水设施排除雨水。不同于城市雨水管网的繁密，从经济角度考虑，小城镇

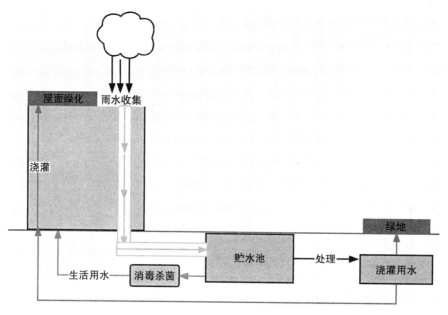

图7 雨水收集

和传统村落的雨水管道设计可着重于对主干管及干管到就近泄水河道的管路建设。（图7）

对于水资源不丰富的地区，降雨量大时，可通过调蓄设施收集储蓄雨水，将雨水处理后进行利用，如灌溉农田等。就调蓄而言，小城镇和传统村落的雨水利用可借助其土地资源丰富的特性，应用海绵城市理念，建设下凹式绿地等海绵设施进行雨水调蓄。

5 结语

给水排水工程在小城镇和传统村落的可持续提升改造中的应用从对小城镇和传统村落的现状分析到借鉴城市给水排水系统体系（建筑室内节水节能、室外小市政污废水系统完善）的同时，因地制宜地根据当地特有水环境发展生态水环境系统出发，实现可持续发展。

参考文献

[1] 张涛. 小城镇在我国城乡产业互动发展中的优势和策略[J]. 中国乡镇企业会计, 2011（8）：5-6.

[2] 刘琦. 东北传统村落治水空间的文化传承与复兴模式研究[D]. 长春：吉林建筑大学, 2019.

[3] 丘燕翔. 中小城镇居住小区给排水总体规划设计探讨[J]. 科技创新与应用, 2014, 92（16）：134.

[4] 王传德. 建筑给水排水工程中节水节能技术措施分析[J]. 江西建材, 2021, 270（07）：129-130.

[5] 包晨雷. 中水回用的现状和发展趋势[[J]. 上海建设科技, 2003：14-16.

[6] 魏琦. 我国当前中水回用现状研究[J]. 化工设计通讯, 2017, 43；184（10）：197.

[7] 建筑给水排水设计标准GB 50015—2019[S]. 北京：中国计划出版社, 2019, 11.

[8] 路绍琰, 吴丹, 马来波, 等. 中国太阳能利用技术发展概况及趋势[J]. 科技导报, 2021, 39；625（19）：66-73.

[9] 吴丹. 黔东南岜扒村水生态基础设施规划设计研究[D]. 西安：西安建筑科技大学, 2017.

15 浅析城镇装配式建筑的重要性

郑慧芳[①]　杨吉通[②]

摘要　　近年来，随着我国新城镇现代化建设的发展，低碳环保成为其主要旋律，城镇建设以现场浇筑为主的形式逐步被装配式建筑取代，城镇发展装配式建筑是建造方式的重大变革，是推进供给侧结构性改革和新型城镇化发展的重要举措，有利于节约资源能源、减少施工污染、提升劳动生产效率和质量安全水平，有利于促进建筑业与信息化工业化深度融合、培育新产业新动能、推动化解过剩产能。

关键词　　装配式建筑

---

① 郑慧芳：中国建筑设计研究院有限公司，助理工程师；邮编：100044；E-mail: zhenghf@cadg.cn；地址：北京市西城区车公庄大街19号。
② 杨吉通：中国建筑设计研究院有限公司，助理工程师；邮编：100044；E-mail: yangjt@cadg.cn；地址：北京市西城区车公庄大街19号。

1 装配式建筑的定义

装配式建筑是指由预制部品部件通过可靠连接方式建造而成的建筑（图1）。

图1 装配式建筑

2 装配式住宅建筑的特点

（1）大量的建筑构件由车间生产加工完成，构件种类主要有：外墙板、内墙板、叠合板、阳台板、空调板、楼梯、预制梁、预制柱等（图2、图3）。

（2）施工现场大量的装配作业，传统现场浇筑作业大大减少。

（3）采用建筑、装修一体化设计、施工，装修可随主体施工同步进行。

（4）设计标准化和管理信息化，构件标准化程度越高，生产效率越高，相应的构件成本就会下降，配合工厂的数字化管理，整个装配式建筑的性价比会越来越高。

（5）符合绿色建筑的要求。

图2 预制墙体

图3 预制楼板

3 装配式建筑与传统建筑的对比分析（表1）

装配式建筑与传统建筑对比分析表　　　　表1

对比内容	传统建筑	装配式建筑	造价差异
设计	设计技术成熟、简单，图纸量少，各专业图纸分别表达本专业的设计内容，结构专业采用平法绘图。施工图设计时各专业技术人员相互配合，容易出现"错、漏、碰、缺"等情况。设计费相对便宜	多数设计院经验不足，图纸量大，除了各专业图纸分别表达本专业的设计内容外，还需要设计出每个预制构件的详图，详图上要综合多个专业内容，例如在一个构件图上需要反映构件的模板、配筋以及埋件、门窗、保温构造、装饰面层、留洞、水电管线、吊具等内容，必要时还要做出构件的三维立体图、连接构造节点大样等图纸。精装叠图工作量较大，若叠图到位，现场即可避免"错、漏、碰、缺"的发生；若叠图不到位，现场会出现大量的剔凿拆改。设计费较贵	设计费的差异主要是构件拆解图工作量增加了设计成本，如果项目规模大，标准构件重复率高，构件种类就相对较少，设计及加工成本就会降低。项目规模越小、构件重复率越低，设计及加工成本就会越高。因此，优化设计，提高构件的重复率是控制成本的有效手段
生产控制、成本控制	现浇构件的成本主要取决于原材料、施工工艺和施工措施，工艺条件差影响质量，经常造成返工，季节和天气变化造成施工效率下降也是成本上升的原因之一	预制构件生产主要依赖机械和模具，模具数量及周转效率与成本密切相关，生产质量、进度、成本受季节和天气变化影响较小	预制率越高越可以发挥装配式的优势。若预制率过低将导致两种工法并存，大量现浇不能节省人力，同时又增加了施工机具的投入成本
质量控制	现场的浇注质量难以控制，普遍存在质量通病	质量易于控制，基本消除各种质量通病，复杂构件的生产难度、运输风险较大。可通过合理拆解构件降低生产难度	—
材料消耗	材料消耗和损耗较高，"跑、冒、滴、漏"现象严重	由于构件尺寸精准，节约材料，节省造价；没有"跑、冒、滴、漏"现象，降低了材料消耗和损耗	装配建筑构件精度高，可减少装饰修补费用，节约成本
施工速度	现浇施工主体结构可做到4～6天一层，各专业不能和主体同时交叉施工，各层构件从下往上顺序串联式施工，主体封顶时完成总工作量的50%左右	构件提前发包，可做到各层的构件同时并联式生产，在同一构件生产过程可集成多专业的技术同时完成，现场装配式安装施工上可做到3～5天一层，主体封顶时完成总工作量的80%左右	—

续表

对比内容	传统建筑	装配式建筑	造价差异
施工措施	满堂模板、脚手架，外脚手架到顶，不断重复搭拆	楼面、楼梯采用预制构件可节省内脚手架和模板；外墙保温装饰在工厂一体完成，可节省外脚手架	—
管理费用	分包较多、工期长，导致管理成本高	多个分部分项工程在工厂里集成生产，分包较少，管理成本低	—
材料采购和运输	原材料分散采购和运输，采购单价较高	原材料集中采购和运输有价格优势，但增加了二次运输费用	由于存在二次运输，应选择项目就近的预制厂生产
资金投入	现浇方式所需周转材料一般为租赁，基本不需要太大的投入	构件厂的场地厂房、设备、模具投资较大，模具价格高昂，全部要摊销在预制构件价格之中	应优化工艺流程，采用流水线生产提高生产效率，采用设备式模具，延长使用寿命

4 装配式建筑降低成本的措施

（1）优化设计提高预制率和相同构件的重复率。在两种工法并存的情况下，预制率越低、施工成本越高，因此必须提高预制率，发挥重型吊车的使用效率，尽量避免水平构件现浇，减少满堂模板和脚手架的使用，外墙保温装饰一体化可节约成本并减少外脚手架费用，提高构件重复率可以减少模具种类提高周转次数，降低成本。

（2）改进构件生产工艺，提高生产效率降低成本。目前，预制构件普遍存在模具笨重和组模、拆模速度慢、生产效率低的弊端，应革新模具构造并改进为流水线生产形式，使混凝土下料、振捣、养护在固定的位置，既提高生产效率，也方便管理。

（3）改变构件装运形式，提高运输效率。将构件装运方式改为平放或立放（带飘窗或空调板的构件只能立放或斜靠），可以大大提高构件的运输效率，节省运费。

（4）提高施工安装的速度，节省安装成本。构件的安装以重型吊车和人工费用为主，因此，安装的速度决定了安装的成本，在装配施工时，可以通过分段流水的方法实现多工序同时工作，提高安装效率，节约安装成本。

5 结语

总而言之，装配式在设计、施工、环保等方面较传统工艺均具有相对突出的优势。因此，装配式在我国一定会成为现代化生产的主导方向。

参考文献

[1]《装配式混凝土结构技术规程》JGJ 1—2016[S]. 北京：中国城市出版社，2017.
[2]《装配式混凝土建筑技术标准》GB/T 51231—2016[S]. 北京：中国建筑工业出版社，2017.
[3]《装配式混凝土结构工程施工与质量验收规程》DB11T 1030—2021[S]. 北京，2021.
[4] 中国有色工程有限公司. 混凝土结构构造手册[M]. 北京：中国建筑工业出版社，2016.

16 乡村振兴视角下的匡山景区创建规划设计研究

陈丛岩[①] 丁一凡[②]

摘要 在国家全面实施乡村振兴战略的大背景下,以福建南平浦城县匡山景区规划设计为例,从项目的背景、现状问题、解决策略、设计实践等方面着手,对景村结合的情况进行研究。以期达到为后续的相似案例提供经验借鉴的目的。

关键词 乡村振兴;景区规划设计;景村结合

---

① 陈丛岩:中国建筑设计研究院有限公司,工程师。
② 丁一凡:中国建筑设计研究院有限公司,副高级工程师。

1 引言

2017年党的"十九大"报告中提出乡村振兴战略，指出农业农村农民问题是关系国计民生的根本性问题，解决好"三农"问题是全党工作的重中之重。浦城县认真贯彻乡村振兴战略思想，积极践行"产业兴旺、生态宜居、乡风文明、治理有效、生活富裕"的发展理念，结合自身旅游资源丰富的特点，通过旅游产业发展推动乡村振兴战略的落地实施，真正让绿水青山变成金山银山[1]。2018年浦城县将列为《南平市旅游产业发展规划（2017—2025）》主要项目的匡山景区创建工程提到全县重点建设项目日程，并采用EPC的建设模式以确保项目顺利进行。

2 研究区域概况

2.1 范围

匡山坐落于福建省南平市浦城县富岭镇境内，地处福建与浙江交界处，因其山形"四周奋起、而中宨（wā）下，形似筐庐"而得名匡山。

匡山景区涵盖了匡山国家森林公园、福建省匡山地质公园，因受生态红线影响，景区范围对周边部分乡村地域进行了整合扩容。扩大后的范围涉及双同村全域（下辖杨梅山村、同台山村、双门井村、塘溪村、塘岱村）、莲塘坂村、高坊村、前洋村部分用地。北以莲塘坂村（新开出省公路至浙江龙泉市）为界；东至浙江龙泉、宝溪至大岗为界；南至高坊村；西以马鞍山坑小溪为界，景区总面积为42.67平方公里（图1）。

2.2 资源

匡山海拔1390米，旅游资源分为八大主类，13个亚类，整体可以归纳为自然景观与历史人文景观两部分。自然景观突出体现在古树、奇石、碧水三大资源类型。匡山除了香樟等常见的南方植物外，还现存大型的香榧

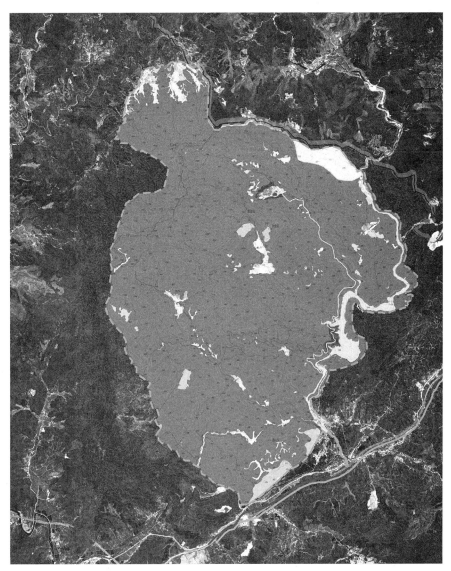

图1 匡山范围图

群落、江南油杉—毛竹群落、青钱柳群落，百年以上的香榧树随处可见。山间茂密的森林中掩映着许多造型奇特的山石，石间涌出的泉水形成山溪，溪水汇聚山下形成匡山最大的水体——匡湖，是名副其实的绿水青山。匡山的山、水、树、石不仅展现了其优良的生态资源禀赋，还承载了深厚的历史人文景观。除了元末明初著名的匡山四贤——刘伯温、章溢、叶琛、宋濂所留的《苦斋记》外，这里还是浦城抗日先遣队红三团的革命根据地，至今还保留着红军营盘的遗址。匡山旅游资源丰富且具独特性（表1），适合发展生态康养旅游产业。

匡山旅游资源表 表1

主类	亚类	资源名称	开发状况	位置
A 地文景观类	AB 地质与构造行迹	地层断面	未开发	杨梅岭
	AC 地表形态	天山斗 将军出征 石蜡烛 蛤蟆驮树 千年石龟 风动石 官印石 回龙壁	未开发	匡山
B 水域景观	BA 河系	碧湖羞女 白石头像	未开发	匡湖
	BC 湖沼	双门瀑 九节瀑	未开发	匡山
	BD 地下水	双龙井	未开发	双同村
C 生物景观	CA 植被景观	香榧群落 黄山松林 古柳杉林 江南油杉—毛竹群落 青钱柳群落	未开发	匡山
D 天象与气候景观	DA 天象景观	匡山佛光	未开发	香炉峰
E 建筑与设施	EA 人文景观综合	看松庵 革命烈士殉难地	未开发	香炉峰
	EB 实用建筑与核心设施	匡湖水库大坝 高坊村二级水库大坝	未开发	匡湖 高坊村
	EC 建筑与设施	坐看云起亭 环中亭 唯天在上亭 拜官亭	未开发	匡山
F 历史遗迹	FA 物质类文化遗存	苦斋遗址 红军练兵场 红军营盘	未开发	香炉峰 匡山
G 旅游购品	GA 农业产品	笋干 酸枣糕 猕猴桃酒	已开发	双同村
H 人文活动	HA 人事活动记录	地方人物	匡山四贤 （刘伯温、宋濂、章溢、叶琛）	匡山

2.3 创建环境

匡山毗邻322国道与浦武高速，景区与国道靠一条6米宽的乡村公路连接，通行能力稍显不足；另外，地处山区乡村，水、电等基础设施不完善，也不利于景区建成后日常的运营要求。因此，除了原有的建设用地外，项目采用点状供地的方式进行土地流转来满足景区对建设用地的需求，其中包含了乡村现有的闲置土地（主要为当地农民的自留地，面积较小，产出低，土地价值不高），共计46.24亩（约3公顷）。基于土地的纽带作用，在国内这种景区与乡村共存的情况不在少数，景村关系是相互促进与制约的发展关系。景区的旅游资源除了大量自然景观外，更多的历史人文景观来自于乡村，乡村为景区积聚了深厚的人文底蕴，反过来景区的发展又活跃了乡村经济。随着景村规模的不断壮大，对建设空间的需求、对生态环境保护的不同态度、对产业发展的不同体制机制等矛盾也会变得日益突出[2]。匡山景区旅游资源丰富，旅游行业发展处于初级阶段，景村间的互动处于一种良性、温和的状态。

景村间的和谐关系及匡山优越的生态与文化旅游资源，为当地旅游产业发展提供了坚实的基础。综合分析，当地森林旅游、山地旅游作为主要的旅游方式占据旅游市场的主导地位，随着我国迈入大众旅游的时代，休闲游、亲子游、研学游正在逐渐兴起，尤其是短途的近郊游发展最为迅猛。面对复杂的旅游市场现状，合理有效的规划设计可以保证景区实现差异化发展。

3 匡山景区规划设计

3.1 规划理念

匡山的创建条件有利有弊，所以景区规划需要适宜合理的规划原则。结合实际情况，匡山规划原则可以归纳为以下五点：

（1）生态优先的原则。大山、大水是匡山发展的根本，为了让景区在未来实现可持续性发展，首先就要保证匡山的生态环境不能遭到破坏。

（2）发展优势资源的原则。匡山四贤、红军营地形成了匡山特有的隐逸文化，加上生态环境的赋能，形成专属于匡山的优势资源，并围绕优势资源开展各项旅游活动。

（3）一站式设计服务的原则。在EPC的建设模式中，设计作为重要的组成部分，将提供所有工程项目的规划设计方案，并在整个建设实施过程中提供全程咨询服务。

（4）乡村振兴的原则。在做大景区规模、增加景区核心竞争力的同时，协调好景区与乡村之间的关系，在改善乡村生活环境的同时支持景区内外的乡村依托景区发展旅游相关产业，实现景区与乡村联动，促进当地居民增收[3]。

（5）对标国家AAAA级景区创建标准的原则。依照国家AAAA级景区的创建标准，诊断景区现状不足之处,以便有计划、有针对性地开展景区创建工作。

3.2 规划定位

基于匡山区位与生态优势,结合匡山四贤的隐逸传奇,充分挖掘"山水、生态、村落、传说"等旅游IP,重点突出"古树奇石、四贤传奇、山乡人家、科普拓展、森林康养"的特色资源。归纳总结匡山总体定位于:国家隐逸文化旅游区,提出"生态匡山,禅养胜境"的形象口号,实现将匡山景区建设成为国家AAAA级旅游景区、福建省康养旅游度假区、福建省乡村振兴示范区、福建省研学旅行科普教育基地的发展目标。

3.3 旅游产品策划

围绕匡山总体定位,景区构建以"隐逸文化""乡土文化""研学文化""康养文化"为主题的旅游产品体系,尤其注重文化与体验相结合。

(1)隐逸文化

作为匡山独有的文化特色,项目主要依托匡山四贤的传奇故事,通过复建"苦斋"与"仙霞溯溪古道",串联起双同村—看松庵—香壇峰—苦斋几个景点,打造一条寻找"伯温天书"的游览路线成为景区主要旅游产品,可以让游客沉浸式体验匡山神秘的魅力与最核心的文化气息。

(2)乡土文化

相传唐朝李氏后人为避世迁徙于匡山,逐渐形成了自己独有的乡土文化。这里的村民每个季节还会延续着祖传下来的生活习惯:烤笋干、打酸枣糕、采野蜂蜜、酿猕猴桃酒,节庆之余剪窗花写楹联,村里甚至还出了一位平民女诗人。丰富的乡土文化可以让游客通过民俗体验度过有趣的乡村时光,在乡土文化逐渐萎缩的现代社会无疑会成为景区的主力产品。

(3)研学文化

匡山景区是福建省有名的省级地质公园,地理条件复杂,动植物资源丰富,完全符合近几年国家对中小学生研学教育的培训标准。通过开展"森林秘语""萤火虫营地""星星下的夜行动物"等不同主题的营地教育与自然课堂活动,不仅可以为中小学生提供生动的森林研学教育,还能满足亲子游市场的旺盛需求。

(4)康养文化

除了短期见效快的旅游产品外,如果想保持运营的可持续性,就需要投资开发长线旅游产品,根据现有资源情况,康养度假是最好的选择。虽然度假产品投资大、开发周期长、盈利慢,但却是大众旅游时代的经济增长点,完全符合国家文旅康养政策的走向。兴建主题民宿与特色酒店;开发有机无污染的双同美食;让游客徜徉在山间竹林中,全方位打造一个半隐于世的禅意康养度假胜地。

3.4 总体规划构思

坚持核心文化引领、精准把握客群市场、有针对性地开发旅游线路与旅游产品三大导向，在生态文明建设的国策下，规划以乡村振兴建设为抓手，对生态环境以发展促保护，对匡山的景区建设与民生改善双管齐下，探索适合匡山景村结合的发展之道，实现景村互惠互利、共同发展的目标。鉴于以上开发思路，结合匡山景区的自然与人文资源的特点及景观特征，景区以山岳型生态旅游为品牌（图2），面向江浙、福州、南平、武夷山等2~3小时旅游经济圈内的游客群体，并且主打隐逸文化覆盖下的森林研学与禅意康养型旅游产品，规划建设一个集观光、研学、休闲、娱乐等多种功能为一体的综合性旅游景区。按照景区的功能要求，方案提出了"一带、五区、七心"的空间规划布局。

其中"一带"是指景区的重点旅游资源带。利用乡村公路以及匡山盘山栈道，连接游客服务中心—观光慢道—双同村—仙霞溯溪—看松庵—香壇峰—莲塘坂村等重要旅游节点，串联功能分区。"五区"是根据空间特征的适宜性分析，将景区分为游客服中心片区、滨水

图2 匡山景区鸟瞰图

娱乐片区、生态研学体验片区、禅养度假体验片区、北部次入口片区五大片区，每一片区可以满足景区不同旅游产品的开发需求。"七心"是在各功能区重要节点位置建立的游客服务中心、水上活动中心、漂流服务中心、营地教育中心、禅养度假中心、生态研学中心、北部次入口服务中心，分别承担不同区域内的、不同功能、不同类别的旅游服务与集散作用。在空间布局指导下整个景区划分为六大功能区：隐之意——游客服务中心区、隐之游——匡湖运动区、隐之修——生态研学区、隐之庐——禅养度假区、隐之性——北部次入口服务区、隐之心——生态保护区。

3.5 对标国家AAAA级旅游景区创建标准完善旅游服务配套设施

依据中华人民共和国旅游景区质量等级划分的景区级别，将景区从高到低依次分为AAAAA、AAAA、AAA、AA、A五个级别，国家AAAA级旅游景区，处于中高等级。等级的评定标准为《旅游景区质量等级的划分与评定》，其细则分三部分，细则一：质量与环境质量评分细则共计1000分，分为旅游交通、游览、旅游安全、卫生、邮电服务、旅游购物、综合管理、资源和环境的保护；细则二：景观质量评分细则满分100分；细则三：游客意见评分满分100分[4]。匡山景区主要对标细则一与细则二，通过研判发现：由于景区建设为初创，景区相对于细则一大部分失分较大，相对于细则二有部分失分。为了能达到细则的要求，需要有针对性地规划建设项目。

（1）以满足综合管理服务的需求为目的。新建游客服务中心位于景区入口处，包含综合管理、游客咨询、投诉、购票、购物、安全、医疗卫生、停车场、电瓶车换乘站等功能，其建筑设计取意闽北传统烧制瓷器所需的"龙窑"造型（图3），完美地与周边自然环境相融。改扩建双同村二级旅游点则位于双同村内，原址为荒废闲置的老宅。通过现代建筑的设计理念与当地古建艺人的传统技法相结合，让这处闲置多年的老宅又重新焕发了生机（图4）。可以看出，合理恰当的旅游开发既可以满足项目的建设需求，又能通过盘活闲置资产给村民带来更多的经济效益。

（2）以增加观赏性与度假体验为目的。双同村位于匡山核心区域，有百年以上的历史，为了将其打造成度假休闲的世外桃源。双同村需要进行清洗、粉刷建筑外立面、清理违建与垃圾、清淤河道、硬化地面、院墙围墙换新、夜景亮化、农业景观化等一系列村容村貌整治工作（图5），在满足细则一对"游览"部分标准要求的基础上，又改善了当地村民的居住环境。在度假体验方面，通过流转村里闲置宅基地，新建了五栋民宿分别以浦城特色文化与物产——仙霞、梦笔、当代艺术、丹桂、薏米为主题来命名（图6），并通过装修内饰予以表现（图7），以突出地域文化特色来满足细则二的标准要求。

图3 游客服务中心效果图

图4 双同村二级旅游点效果图

图5 双同村改造效果图

图6 双同民宿室外效果图

图7 双同民宿室内效果图

（3）以营造安全、舒适、便利的体验环境为目的。初级开发状态下的匡山景区存在很多问题。通过提升改造现有的道路、联通完整的旅游游线、创建形象入口（图8）、增设休息驿站、丰富游览方式、加装护栏扶手等方法应对交通游览体系的不完善。在公共服务设施体系中新增饮用水净化设备，保证饮用水安全；改造排污管网并增设污水处理设施，杜绝生活污水直排河道，保证了自然水系不受污染。这些措施极大地提高了村民的居住环境质量，扩大了细则一的得分优势。除此以外，细则一内还要求AAAA级景区内必须按照《旅游厕所质量等级的划分与评定》要求配备AA级及以上级别的旅游厕所，以保证游客获得更便利舒适的旅游体验。

图8 匡山景区形象入口效果图

4 结语

在乡村振兴背景下，景村结合的景区创建规划设计需要创建主体的党建引领，特别是镇村党委领导与村民接触最为紧密，能及时有效地进行疏导协调。

在规划设计过程中需要深度挖掘在地文化内涵，探源溯流，逐层分解文化表象，找到其中属于该景区独有的文化特征。需要控制开发建设规模，合理利用绿水青山，切忌贪大求快，避免造成过度建设带来的不良后果。最后要适地适术，尊重场地，确保每一环节都要认真对待。

参考文献

[1] 鄢祖义，张亚平，徐斌. 乡村振兴导向下的村落景区规划策略——以杭州市天目山村落景区规划为例[J]. 现代园艺，2020（5）：138-142.

[2] 任思远，阎晶，历珂，等. 风景名胜区乡村振兴思路与方法探索——以青岛美丽乡村建设规划为例[J]. 城市住宅，2019（3）：31-37.

[3] 孙杰，王瑾，张良成. 乡村振兴背景下盘活农村闲置土地构建返乡创业支撑策略研究[J]. 管理科学，2021（23）：149-150.

[4] 李小晓. 创建国家4A级旅游景区的规划研究与实践——以泰宁县杉城镇耕读李家景区为例[J]. 福建建筑，2020（07）：11-14.

17 富顺县狮市古镇历史保护调查

吉少雯[1]

摘要 　　位于长江上游四川段支流沱江畔的狮市古镇，保留着川南古镇古朴的历史风貌。狮市古镇因盐而兴，是自贡盐业盐运古道上的著名古镇，作为省级历史文化名镇，狮市古镇虽然历经岁月沧桑，但容貌不改，至今仍保留其传统布局及众多历史建筑，有名的"三宫、五庙、五街、一寨、三山门"，完美地展现了川南古镇建筑风格与自然环境的和谐之美。临江而望，沱江两岸翠竹成林，古镇建筑错落有致、鳞次栉比、层次分明，半镇青山半镇楼的古镇展现出与山水浑然一体绝美画卷。

关键词 　　狮市古镇；古盐道；古建筑；历史保护

---

[1] 吉少雯：北京建筑大学。

川渝地区传统村落的空间有着独特的地域性和多样性,每个村落有自己独特的空间格局特征。由于地形多变的山水自然资源与中原地区村落不同,选址遵循着依山傍水、向阳高低等选址原则,村落格局与地形融为一体,构成了与环境相协调的自然传统村落空间格局。建筑随山就势的排布形成了高低不同、错落有致的整体村落空间形态,建筑的尺度更贴近人的建筑规模,同时街道空间有收有放,更具有趣味性。街巷空间、传统建筑与自然环境融为一体,加之民族、历史等要素的综合作用,形成了和谐优美且独具特色的传统村落格局风貌。

川渝地区的传统村落多由亲缘关系聚集发展起来,形成了以利于家族内部安全和繁衍的家族秩序,而村落格局的空间单元往往由多个不同的家族聚居形成,并以家族的公共聚居建筑为中心,以水塘、广场等元素连接,再通过街巷将不同的单元空间组合起来,形成整体村落空间格局。

总而言之,川渝地区传统村落由特殊的空间结构体系的组成非常清晰,从结构和形态两方面来讲,分别与经济、社会、文化、民族和地域等有着非常密切的联系。总体来讲,"融合自然、家族聚居、空间独特"是川渝地区传统村落空间体系最主要的特点所在。

狮市古镇,位于富顺县城东北10公里的沱江东岸,兴起于明末清初,随着自贡的盐业发展,以及"湖广填四川"的移民落户,狮市成为沱江河一个重要的驿站和水码头,是历史上自贡—邓关—沱江—长江运盐船必经之地。东与骑龙镇相邻,西与富世、互助镇隔河相望,南倚东湖镇,北连大安区回龙镇。沱江自北向南绕行,成自泸高速公路穿境而过,水陆交通极为便利。近年来,狮市被评为四川省历史文化名镇,古镇所在的狮子滩社区获评中国传统村落。有鉴于此,当地对古镇进行保护性修缮,加快旅游开发步伐。狮市还与自贡市盐业历史博物馆签订协议,决定以川主庙为场地建设狮市分馆,促进公共文化事业服务基层,展现盐运古镇的深厚文化底蕴(图1~图4)。

据考证,狮市古镇最早始建于1691年,即清朝康熙三十年。狮市镇原名狮子旗,《狮市镇志》载:"狮市镇……因沱江岸侧有一山形如狮而得名。"相传很久以前沱江东岸,居住着一个狮群。在一个炎热的夏天,

图1 古镇老街

图2 江边老宅

图3 古镇名牌

图4 古镇老码头

狮群到沱江河中的石滩戏水纳凉，突遇沱江洪水猛涨，狮群瞬间被吞没，只有狮王得以侥幸逃生。此后，孤独的狮王不吃不喝，终日蹲在江边哀号，最后竟然化作一座山头在江边伫立守望。从此，人们就把江中的险滩叫"狮子滩"，"狮子滩"旁的集市取名"狮市"。此后，无论历史发生怎样的变化，都始终伴随着"狮市"这个名字。

现存的狮市老街建于晚清时期，尽管场镇面积不大，却坐落着袁家大院、天后宫、胡家祠堂、川主庙、观音阁等一大批古建筑。狮市不同于川西古镇那种平坦开敞的地势，尽管古镇老街全长不到1公里，但其地块坡度较大，呈现出从江边拾级而上直至坡顶的态势。当地人用一句歇后语"从河边上赶狮子滩——步步高升"，来打趣这一特殊的格局。

这些建筑在陡而窄的老街上比邻而居、接踵摩肩，记录着沱江盐运码头的旧日风华。相传，狮市历史上建有"三宫五庙"，即天后宫、禹王宫、南华宫，以及川主庙、文昌庙、药王庙、鲁班庙和牛王庙，后来还增建了一座观音阁。如今除了禹王庙被彻底拆毁外，其余8座建筑或多或少地尚存遗迹，展现着中国乡土文化建筑的艺术魅力（图5~图11）。

图5 古道、古桥

图6 古镇老街1

图7 古镇老街2

图8 古镇老街3

图9 古镇老街4

图10 古镇老街5

图11 古镇老宅

狮市在盐业鼎盛时期，汇聚了来自全国各个地方的人，他们在狮市建筑中留下了多元文化的痕迹。狮市古镇的天后宫供奉海神妈祖，通常分布在东南沿海地区及海外华人聚居地，不过坡顶同样留有一座天后宫遗迹。

狮市天后宫建于清中，西濒东，占地1000平方米，四合院排列，中轴线依次排列着戏楼、正殿，两侧分别有耳房、厢房，戏院分为休息式屋顶、小瓦房、中间为戏剧舞台、左侧为化妆室、庭院为厢房、下方为大门、老街则从建筑下方直穿而过，天后宫整体建筑布局合理，宝殿比较完整，屋顶用土做的造型精美，建筑细部的大量精美纹饰，具有较高的历史文化艺术价值（图12～图16）。

袁家大院老宅前半部分主要为木结构，屋顶经风雨侵蚀后早已千疮百孔，许多建筑构件倒伏在地。登上石阶，可见大门山墙为三重檐歇山式，塑有蝙蝠、凤凰、雄狮、花卉等装饰，工艺精湛细腻。后院地面和屋顶长满杂草，一些门窗缺失或已摇摇欲坠，不少地方被蛛网笼罩（图17～图22）。

川主庙建于1800年，正殿为砖木结构、

图12 天后宫

图13 天后宫廊道

图14 天后宫细部

图15 天后宫屋檐1

图16 天后宫屋檐2

图17 袁家大院名牌

图18 袁家大院内景1

图19 袁家大院内院

图20 袁家大院门扇

图21 袁家大院院门

图22 袁家大院内景2

小青瓦屋面、悬山式屋顶，修筑在1米多高的台阶上，不久前经过修葺和绘制后，更显气势不凡。正殿对面则是一座保存完好的戏楼，其屋顶如同一个倒置的漏斗，据说可以起到聚音的作用。每逢重大节庆，还会有戏班在此上演传统剧目（图23～图27）。

狮市古镇是在明清时期建立的，有着悠久的历史传承，其特有的属性特征：（1）农业遗产的原真性，其原有的格局体系、建筑空间以及景观环境，都是其真实内涵的反映，是无法复制的。（2）组成元素的联系性，组成要素之间有着深层关联，包括其山水体系、民居建筑、生活方式、景观环境等组成了一个有机的整体。这些构成元素之间的因果关系千丝万缕，

图23 川主庙1

图24 川主庙2

图25 戏台下方柱

图26 古戏台1

图27 古戏台2

互相促进，互相制约。（3）空间形态的独特性，川渝地区与我国其他地区有着明显的差异，独特的山水环境、地理环境、材料工艺等，使得川渝地区的传统村落独具特色。（4）传统文化的延续性，与地域性文化结合，形成本土文化，并不断地延续更新，是地域文化的代表。（5）村落形态的活态性，是当地乡土社会的浓缩，承载了时代与历史的重要信息，随着村落居民的更替而更新，因此要以其保护原居民的活态信息为主要原则（图28～图34）。

在充分认识狮市古镇的自然生态资源和文化遗产资源价值特色的基础上，紧密结合本地实际，借鉴"寓保护于发展，以发展求保护、保护与发展并举兼得"的理念和思路及其实践探索的经验，建立文化遗产保护与经济社会发展互动的良性机制，促进该地区自然生态资源和文化遗产资源有效保护，提升其自然人文景观环境品质，加快产业转型发展，增加农民收

图28 古镇街巷1

图29 古镇街巷2

图30 门头

图31 古道

图32 老宅

图33 水边老宅

图34 老建筑

图35 古镇生活1

图36 古镇生活2

入,改善社会民生,实现自然文化遗产保护与经济社会发展相辅相成、和谐双赢的总体目标(图35、图36)。

有鉴于川渝地区乡村聚落形成和发展的历史文脉、文化特征及其现状条件,同时考虑到这些村落的资源开发利用和发展需要,根据不同情况采取区别对待的政策,在保护文化遗产上确定重点,有收有放。根据"完整保护、抢救优先、收放有度、突出特色"的原则,将狮市古镇作为一个完整的自然和人文系统,进行全方位、多层次的研究论证,针对不同保护对象分别采取相应的保护、控制、更新和整治措施,并通过构建村政工程与环境设施,系统保障其传统村落各项构成要素,实现全面协调,促进文化遗产保护和经济社会发展。避免把历史传统村落当作孤立静止的器物加以保护,同时注重文物保护单位、历史建筑、形态、格局、风貌之间的有机联系。在完整保护的基础上实施抢救优先、重点保护整治和突出狮市古镇的个性特征,将使保护发展有所突破和斩获。

参考文献

[1] 黄鸿,周航宇,何山,等. 沱江边的时光驿站——狮市古镇[OL]. 自贡网. [2018-03-14]. https://www.zgm.cn/html/a/2018/0314/156247.html.